PRINCIPES

MÉTAPHYSIQUES

DE LA MORALE.

1230

DOLE, DE L'IMPRIMERIE DE J.-B. JOLY.

PRINCIPES

MÉTAPHYSIQUES

DE LA MORALE,

TRADUITS DE L'ALLEMAND

D'EMM. KANT,

par Cl.-Jos. Tissot,

PROFESSEUR DE PHILOSOPHIE AU COLLEGE ROYAL DE DOLE.

A PARIS,

CHEZ LEVRAULT, LIBRAIRE,

RUE DE LA HARPE, N° 81.

1830.

DÉDICACE DU TRADUCTEUR.

A LA MÉMOIRE

de

J. N. Jacquin,

mort à l'âge de 18 ans!

Mon Frère! mon cher Frère! qui déjà faisais l'honneur et l'espoir de ta famille, reçois ce dernier adieu de ton premier maître, de ton frère, de ton ami!

AVERTISSEMENT

DU TRADUCTEUR.

La clarté est peut-être le seul mérite de la forme d'un ouvrage scientifique ; du moins c'en est le principal : car elle emporte la méthode et toutes les autres qualités du genre. Et ce mérite est généralement contesté aux savants d'outre-Rhin, particulièrement à Kant. A leur tour, les Allemands nous reprochent le défaut d'attention et de patience, par conséquent le défaut de profondeur. Il n'est donc pas sûr, à ce compte, que la faute soit tout entière d'un côté. Il faut convenir au surplus que Kant a été jugé obscur prématurément, en supposant même que ce ne soit pas à tort, puisqu'il a été jugé avant d'être connu : car je ne crains pas de dire qu'un auteur n'est pas connu dans un pays étranger, tant qu'il n'y est pas traduit. Si je disais que les écrits de Kant sont ce qu'il y a de plus clair, je prendrais peut-être de trop grands engagements envers le public ; aussi ne dis-je autre chose, sinon que sa réputation d'obscurité est un préjugé en France ; que, du reste, cette réputation soit ou non méritée.

Je ne sais pas être clair pour quiconque n'est

pas attentif, a dit Rousseau dans son *Contrat social*. Et c'est ce que peut dire tout écrivain qui traite scientifiquement une matière, surtout une matière que tout le monde se croit en état d'entendre ou même de traiter sans nul effort, parce que tout le monde en parle et croit toujours en bien parler.

S'il est vrai cependant que le même sujet puisse être traité avec plus ou moins de clarté, il ne l'est pas moins que la plus grande clarté possible absolument ne dispense pas toujours de donner une attention sérieuse et soutenue. Toute la question revient donc à savoir si l'ouvrage que nous présentons au public est le plus clair possible; et si, dans le cas où il ne serait pas entendu, la faute en est à l'auteur où à son interprète; ou bien si le lecteur ne doit pas plutôt s'en prendre à son inattention.

Je veux bien absoudre ce dernier, pourvu que j'aie pour moi le témoignage de sa conscience; et ne m'occuper que de l'auteur et du traducteur : du premier, pour dire ce qui peut le faire paraître obscur; et du second, pour le justifier autant que faire se peut.

La méthode et le style de Kant sont-ils le plus clairs possible? Peut-être que non : ce qu'il y a de sûr du moins, c'est que son nom n'a pas besoin de mon apologie. -- Maintenant, ai-je rendu sa pensée le plus clairement possible, sans cesser de lui être fidèle pour la forme? C'est ce que le public a le droit d'exiger, et ce dont il jugera. Si je n'ai pas répondu à son attente, j'aurai du moins montré une ardente volonté de lui être utile en essayant ce que personne jusqu'ici n'a osé en France. Je ne me suis pas dissimulé ma témérité; il fallait m'oublier, et je l'ai fait. Si un autre vient après moi, et fait tourner mon faible travail au profit de la science, je serai content du seul titre de précurseur. C'est dans cet espoir surtout que j'ai pu traduire bien ou mal la *Critique de la raison pure*, ouvrage qui est la véritable clé de la *philosophie critique*.

Deux difficultés principales se font sentir dans les écrits de Kant. La première est sa terminologie ; la seconde consiste dans la dépendance étroite, indissoluble, d'une foule d'idées qu'il faut lier dans un cadre très-resserré, si l'on veut être traducteur et non paraphraste.

Quant à la terminologie, l'on sait qu'elle a été long-temps une difficulté pour l'intelligence de la philosophie critique, même en Allemagne. Et cependant, comme cette terminologie est destinée à rendre des idées ou des nuances d'idées nouvelles, ou à les rendre d'une manière plus convenable, elle est évidemment sacramentelle. On n'y peut donc rien ou presque rien changer dans une traduction.

Pour ce qui regarde la composition de la phrase de Kant, il faut également s'y faire; peu de modifications étant permises, si on ne veut pas dénaturer l'original. La raison en est simple : c'est que les idées, les phrases principales de Kant sont comme autant de foyers d'où rayonnent une multitude d'idées accessoires, de phrases incidentes, qui deviennent à leur tour idées et phrases principales dans un ordre ou un rapport déterminé, nullement indifférent. De là unité de signe pour diversité d'idées ; de là double rapport à envisager en même temps ; rapport qui doit être traduit, si l'on veut conserver l'idée qu'il représente : de là encore le fréquent usage des pronoms, si l'on ne veut rendre le style prolixe, lâche et tautologique dans les mots. Tout ce que nous avons cru pouvoir faire, et tout ce que nous avons fait en effet, c'est de couper les longues phrases, quand elles nous ont paru susceptibles de l'être sans préjudice pour le sens ; c'est encore de traduire une phrase incidente par un seul mot, et quelquefois d'ajouter un mot explicatif, mais avec la plus grande sobriété.

Si par tous ces soins on juge que j'ai approché de la plus grande clarté possible dans une traduction, ce témoignage flatteur ne m'appartiendrait pas tout entier ; une partie en serait due à M. Joly, éditeur et imprimeur, qui nous a fait faire plusieurs corrections indispensables. Je devais ce témoignage public de ma reconnaissance à un homme que j'estime et que j'aime également.

Nous devons prévenir que si nous n'avons pas commencé la publication de Kant par la *Critique de la raison pure*, c'est 1º qu'il y a peu de chose dans les *Principes métaphysiques de la morale* qui en suppose indispensablement la connaissance ; 2º que nous y avons suppléé par des notes, quand nous l'avons jugé nécessaire. Du reste, il nous importait d'abord de connaître la disposition du public savant à l'égard d'un philosophe qui a changé la face de la science dans toute l'Allemagne, dans la presque totalité de la Suisse, de la Hollande et des Pays-Bas. Non-seulement il a fait une révolution en philosophie, mais encore en théologie et en droit. Si jusqu'ici il n'a pas été universellement apprécié en France, c'est, je le répète, parce qu'il n'a pas été traduit, parce qu'il n'y est presque connu que de nom. En effet, à l'exception des leçons inédites d'un célèbre professeur que tout le monde nomme, la doctrine du philosophe allemand a été plutôt travestie qu'exposée; quelquefois même on s'est plu à la défigurer ridiculement avec une intention qui serait très-blâmable si elle était moins sotte. C'est dans les écrits de ce grand homme qu'il faut l'étudier; et quand on sera sûr de l'avoir compris, il sera temps de se permettre de le juger, mais non auparavant. Pour nous, content de l'honneur de le traduire, nous ne tarderons pas à le mieux mériter, si nos efforts actuels ont quelques succès.

PRÉFACE.

Si, sur un objet quelconque, il y a une *philosophie* (c'est-à-dire un système de connaissances rationnelles formé de concepts), il doit aussi y avoir pour cette philosophie un système de concepts rationnels purs, indépendants de toute condition intuitive, c'est-à-dire une *métaphysique*. — Reste seulement à savoir si, pour la philosophie *pratique*, comme science des devoirs, et par conséquent aussi pour la *science de la vertu* (l'Éthique), il faut également des *principes métaphysiques* pour pouvoir exposer cette philosophie pratique d'une manière véritablement scientifique (systématiquement), et non comme un aggrégat, un ensemble de maximes décousues, rassemblées une à une, et comme par hazard. — Personne n'en doute pour ce qui concerne la science du droit, qui n'a pour objet que de circonscrire, par les lois de la liberté générale, le *formel*, c'est-à-dire les actes extérieurs de la *volonté*, sans égard à la *fin* de cette volonté, qui en est comme la *matière*. En droit, la science des devoirs est donc purement scientifique (*doctrina scientiæ*)*.

Or, il semble totalement contraire à l'idée de la philosophie pratique (la morale), de remonter à des *principes métaphysiques*, pour établir un mobile exempt de tout empirisme (de tout sensualisme) ; car quelle idée se faire de la force excessive qu'il lui faudrait pour vaincre les inclinations les plus impétueuses, si elle devait prendre ses armes dans les arsenaux de la métaphysique, qui est une science spéculative à laquelle si peu d'hommes savent se livrer ? Toute doctrine morale exposée soit dans des assemblées, soit dans

---

* Celui qui connaît la philosophie *pratique* n'est pas pour cela *philosophe pratique*. Ce dernier est celui qui prend pour principe de ses *actions* un but *rationnel*, et qui possède en même temps la science nécessaire à cet effet. Et comme cette science a l'action pour objet, il n'est pas besoin qu'elle soit conduite par les fils infiniment déliés de la métaphysique, à moins toutefois qu'il ne s'agisse d'une obligation de droit ; — obligation dans laquelle le *mien* et le *tien* doivent être rigoureusement déterminés sur la balance de la justice, d'après le principe de l'action et de la réaction, et doivent être par conséquent d'une précision mathématique, s'il est possible. — Mais cette philosophie pratique n'a simplement pour objet qu'un devoir de vertu ; et, dans ce cas, il ne s'agit pas seulement de savoir ce qui est devoir (chose qui peut facilement s'apercevoir par la fin que se proposent naturellement tous les hommes), mais il s'agit surtout du principe interne de la volonté ; c'est-à-dire qu'il faut que la conscience du devoir soit en même temps le mobile des actions, pour pouvoir dire de celui qui joint à la science ce principe de sagesse, qu'il est *philosophe pratique*.

des discours, soit dans des livres élémentaires, tombe dans le ridicule, si elle est chargée de métaphysique. — Malgré cela, il n'est pas inutile, et moins encore ridicule, de rechercher les premiers principes de la morale dans la métaphysique, car un philosophe doit, en cette qualité, chercher dans cette science les premiers fondements du concept de devoir ; autrement il n'y aurait ni sûreté ni pureté à espérer pour la morale. Un moraliste populaire peut très-bien s'en rapporter à un certain *sentiment*, que l'on appelle *sens moral* à cause de l'effet qu'on en attend. Ce moraliste n'a pas d'autre pierre de touche pour savoir si un devoir moral est ou n'est pas tel, que de se faire cette question : « Com-
« ment, si chacun maintenant prenait ta maxime
« pour règle universelle d'action, cette règle
« pourrait-elle être toujours d'accord avec elle-
« même ? » Mais si le sentiment seul nous faisait un devoir de prendre ce principe pour pierre de touche, ce devoir ne serait pas dicté par la raison ; mais il serait purement instinctif, et par conséquent aveuglément pris pour un devoir.

En effet, nul principe moral ne repose, comme on le veut, sur un *sentiment* quelconque ; un tel principe n'est réellement autre chose que de la *métaphysique* obscurément pensée, et qui fait partie des éléments de la raison individuelle, comme s'en aperçoit facilement le moraliste qui cherche à instruire son disciple par la méthode socratique, sur l'impératif moral et sur son application dans le jugement moral de ses actions. — L'exposition du devoir (la partie technique de la morale) ne doit pas toujours être métaphysique, ni le langage être nécessairement scholastique ; à moins que le maître ne veuille faire un philosophe de son disciple. Mais la *pensée* doit en tout cas descendre jusqu'aux éléments métaphysiques, sans lesquels il n'y a ni sûreté, ni pureté, ni même aucun principe d'action à espérer en morale.

Néglige-t-on ce principe et part-on d'un *sentiment* pathologique*, ou d'un sentiment d'esthétique pur, ou même d'un sentiment moral (subjectivement et non objectivement pratique), c'est-à-dire de la matière de la volonté, de sa fin, et non de sa forme ou de la loi, pour déterminer par là le devoir ; alors, sans aucun doute, il n'y a lieu à aucun *principe métaphysique* de morale ; — car le sentiment, quelle qu'en soit la cause, est toujours *physique*. — Mais la morale est alors corrompue dans sa source ; peu

---

* Ce mot n'a point ici la même acception qu'en médecine : il faut l'entendre dans le sens large que lui donne le grec πάσχω.

N. d. T.

importe, du reste, qu'elle se proclame dans les écoles, dans les assemblées ou ailleurs : car les ressorts par lesquels on est conduit à une bonne fin (à l'accomplissement de tous ses devoirs) ne sont pas indifférents. — Que la *métaphysique* déplaise donc si fort à ces prétendus sages qui prononcent sur la morale *à la manière des oracles et des génies*, ceux qui veulent s'élever jusqu'à la philosophie n'en sont pas moins obligés de descendre jusqu'aux premiers éléments de cette science, et de commencer par s'asseoir eux-mêmes sur les bancs de leurs écoles.

Il est étonnant qu'après toutes les explications données jusqu'ici sur le principe du devoir, en tant qu'il est dérivé de la raison pure, on puisse encore le ramener à la *doctrine du bonheur*, tout en imaginant néanmoins une certaine félicité morale qui ne reposerait pas sur des causes empiriques, félicité qui n'est qu'une fiction contradictoire. — En effet, l'homme pensant, quand il a surmonté ses penchants vicieux, ayant la conscience d'avoir rempli son devoir, souvent même un devoir difficile, se trouve dans un état de tranquillité d'ame et de satisfaction que l'on peut très-bien appeler félicité ; état dans lequel la vertu est à elle-même sa propre récompense. — Or, dit l'*eudémoniste* *, ce plaisir, cette félicité, est le principe moteur qui porte l'homme à la vertu. Le concept du devoir ne détermine pas *immédiatement* la volonté de l'eudémoniste, qui n'est incité au devoir que par le *moyen* d'une félicité prévue par l'espérance. — Mais il est clair que, puisque cette récompense ne peut être espérée que de la conscience du devoir accompli, ce devoir doit précéder, c'est-à-dire, que l'homme doit se sentir obligé à l'accomplissement de son devoir, avant qu'il pense et sans qu'il pense que le bonheur doit en être la conséquence. Il *tourne* donc sur lui-même avec son étiologie **, puisqu'il ne peut espérer d'être *heureux* (ou intérieurement satisfait) s'il n'a pas la conscience d'avoir rempli son devoir, et que d'un autre côté il ne peut être excité à l'accomplissement de ce devoir, qu'en prévoyant qu'il doit par là se rendre heureux. Il y a de plus une *contradiction* dans cette subtilité ; car, d'une part, il doit remplir son devoir sans d'abord pouvoir se demander ce qui doit en résulter pour son bonheur, c'est-à-dire qu'il doit le remplir par un principe moral ; mais, d'un autre côté, il ne peut cependant reconnaître

* *Patronus* εὐδαιμονίας, le partisan du bonheur.
** Αἰτία, cause.

quelque chose pour son devoir qu'il n'en espère du bonheur : il n'accomplira donc son devoir, sous ce point de vue, que par un principe *pathologique*, qui est précisément l'opposé du précédent.

J'ai réduit ailleurs * aux expressions, je crois, les plus simples, la différence qu'il y a entre le plaisir *pathologique* et le plaisir *moral*. Le plaisir qui doit précéder l'observation de la loi pour faire agir conformément à celle-ci, est pathologique, et l'action suit l'*ordre physique* ou sensible ; mais le plaisir qui *doit être précédé* de la loi pour être senti, est dans l'*ordre moral*. — Si l'on ne fait attention à cette différence, si l'*eudémonie* (principe de la félicité) est mise à la place de l'*éleutéronomie* (principe de la libre législation intérieure), l'*euthanasie* (la belle mort) de toute philosophie morale en est la conséquence.

Ceux qui ne sont accoutumés qu'aux explications physiologiques, ne peuvent se pénétrer de l'impératif catégorique d'où procèdent dictatoriquement les lois morales, bien qu'ils se sentent eux-mêmes nécessairement contraints par cet impératif. Mais le dépit de ne pouvoir s'*expliquer* ce qui domine complètement cette sphère, je

---

* Journal de Berlin.

veux dire la *liberté* de la volonté (ou libre arbitre), ne doit pas faire méconnaître la prérogative déjà si flatteuse pour l'homme, d'être capable de concevoir l'*idée* d'une telle liberté. Ce dépit se prévaut des orgueilleuses questions de la raison spéculative (qui sent d'ailleurs si puissamment sa force dans d'autres champs ouverts à l'exercice de sa toute puissance, pour exciter à l'opposition contre la *proclamation* générale de la liberté morale : il est ainsi cause qu'on attaque maintenant, et que l'on attaquera longtemps encore peut-être, quoique vainement enfin, cette notion qu'on voudrait, s'il était possible, révoquer en doute.

INTRODUCTION

A LA MORALE.

Le mot *Éthique* s'employait autrefois pour désigner la *philosophie morale* en général, qu'on appelle aussi *science des devoirs*. On trouva plus convenable par la suite de ne donner cette dernière dénomination qu'à une partie de la philosophie morale, savoir à la science des devoirs qui ne sont pas soumis aux lois positives ou extérieures. Cette partie de la morale a reçu en Allemagne le nom analogue de *science de la vertu* (*Tugendlehre*) : en sorte que le système général de la science des devoirs se divise en science du droit (la jurisprudence), qui comprend les lois extérieures, et en *science de la vertu* (éthique ou morale), qui est indépendante de ces mêmes lois : division que nous adoptons volontiers.

I.

EXPOSITION DU CONCEPT D'UNE MORALE.

Le *concept de devoir* emporte déjà par lui-même celui d'une *nécessitation* (coaction, contrainte) exercée par la loi sur le libre arbitre ; or, cette contrainte doit être ou *extérieure* ou *propre* au sujet qui la souffre. L'*impératif* moral indique cette contrainte par son décret catégorique (le devoir absolu) ; contrainte qui, par conséquent, ne porte pas généralement sur tous les êtres raisonnables, au nombre desquels pourraient aussi se compter les bienheureux, mais seulement sur les *hommes,* comme *êtres physiques* doués de raison, et qui du reste ne sont pas assez saints pour que la passion ne puisse facilement leur faire transgresser la loi morale, bien qu'ils en reconnaissent l'autorité ; et même pour que ce ne soit pas de leur *plein gré* qu'ils la suivent, quand ils y restent fidèles (malgré leur inclination), seul cas où il y a proprement contrainte *.

---

* Mais si l'homme se considère objectivement (voyant l'humanité dans sa propre personne), déterminé qu'il y est par sa raison pratique pure, il se trouve cependant, comme *être moral,* assez saint pour ne transgresser que *malgré lui* la loi intérieure ;

Mais cependant, comme l'homme est un être *libre* (moral), le concept de devoir ne peut emporter celui d'aucune autre *contrainte* que de celle qu'on exerce sur soi-même (par la seule pensée de la loi), quand on considère la détermination interne de la volonté (le motif); car autrement il serait impossible de concilier la crainte, quand même elle serait extérieure, avec la liberté, condition néanmoins nécessaire pour qu'il y ait concept de devoir moral.

Les penchants de la nature sont donc, dans le cœur de l'homme, des obstacles à l'accomplissement du devoir; et pour surmonter ces forces contraires, souvent bien puissantes, il doit se croire capable de les vaincre par la raison, non-seulement à l'avenir, mais encore sur-le-champ (et par la pensée); il doit se croire *capable* de ce que la loi prescrit comme *devoir*.

car il n'est pas d'homme si perdu de crimes qui ne sente au-dedans de lui, lors de cette transgression, une résistance et une haine secrète de lui-même, contre laquelle il est obligé de lutter. Or, ce phénomène où l'on voit l'homme plus porté à suivre son inclination que la loi, dans ce double chemin où la fable suppose si ingénieusement Hercule entre le devoir et la volupté, est tout-à-fait inexplicable : on n'explique, en effet, ce qui arrive, qu'en le dérivant d'une cause, conformément aux lois de la nature; mais de cette manière nous ne trouverions pas la volonté libre. — Et cependant l'inévitabilité de la contrainte volontaire, et son opposition, font néanmoins connaître l'attribut inconcevable de *liberté*.

Or, la faculté et le dessein bien arrêté de résister à un puissant mais injuste adversaire, s'appelle *courage;* et par rapport à l'adversaire du sens moral en *nous*, c'est la *vertu* (*virtus, fortitudo moralis*). La science du devoir dans la partie qui a pour objet de soumettre à la loi, non pas la liberté extérieure, mais l'intérieure, est donc une *science morale,* en un mot, la morale.

La science du droit ne s'occupe que de la condition *formelle* de la liberté extérieure (par l'accord de cette liberté avec elle-même, dans le cas où ses maximes seraient prises pour règles générales), c'est-à-dire qu'elle ne s'occupe que du *droit*. La morale, au contraire, considère une *matière* (objet du libre arbitre), une *fin* de la raison pure, fin qui est en même temps représentée comme but objectivement nécessaire, c'est-à-dire comme un devoir pour l'homme. — Car puisque les inclinations sensuelles attirent à des fins, comme à la matière, à l'objet de la volonté, fins qui peuvent être contraires au devoir, la raison législatrice ne peut paralyser leur influence qu'en opposant à son tour un but moral contraire, qui par conséquent doit être donné *à priori,* indépendamment de l'inclination

La fin est un objet de la volonté (d'un être

raisonnable), par la représentation duquel cette volonté est déterminée à une action tendante à l'obtenir. — Or, il est vrai que je puis être forcé par un agent extérieur à des actions qui sont accommodées comme moyens à une fin; mais je ne puis jamais être forcé par autrui à me *proposer une fin* moi-même ; moi seul, je puis me proposer quelque chose pour fin. — Mais aussi, quand je suis obligé de me proposer pour but quelque chose qui est dans les concepts de la raison pratique, quelque chose par conséquent d'étranger au principe formel de la détermination libre (tel qu'il y en a dans le droit), un principe matériel enfin, et que ce but peut être opposé à celui qui provient des inclinations sensuelles, il y a là le concept d'une *fin* qui est elle-même *devoir:* mais cette doctrine ne peut faire partie de la science du droit ; elle doit appartenir à la morale, qui comprend dans son concept la *contrainte volontaire* d'après les lois morales.

Par cette raison, la morale peut aussi se définir : le système des *fins* de la raison pratique pure. — La fin de la contrainte et son devoir divisent en deux parties la science de la morale universelle. La morale contient les devoirs à la pratique desquels on ne peut être (physiquement) contraint par autrui ; c'est ce qui se conclut de son caractère de science des *fins;* parce qu'il est contradictoire d'éprouver de la part d'autrui ou d'exercer sur soi-même une telle *contrainte*.

Mais il résulte également de la définition précédemment donnée de la vertu comparée à l'obligation, dont nous avons aussi fait connaître la nature, que la morale peut encore être définie: *la science de la vertu.* — Il n'y a effectivement nulle autre détermination volontaire que la détermination à une *fin*, qui, déjà par son concept, ne soit pas susceptible d'être imposée physiquement par la volonté d'autrui.

Une autre personne peut à la vérité me *forcer* à *faire* quelque chose qui n'entre pas dans mes desseins, qui ne soit qu'un moyen pour la fin d'autrui; mais je ne puis être contraint de faire de cette fin la *mienne propre;* et cependant, je ne puis avoir aucun but sans me le proposer moi-même. Une fin imposée par autrui serait donc une contradiction, puisqu'il y aurait un acte de la liberté sans que cet acte fût libre. — Mais il n'y a aucune contradiction à se poser à soi-même un but qui soit en même temps un devoir; parce qu'alors je m'oblige moi-même, ce qui peut très-bien compatir avec la liberté*.

---

* L'homme est d'autant plus libre qu'il peut être moins contraint physiquement, et qu'il peut l'être davantage moralement (par la seule représentation du devoir). — Celui donc, v. g.,

— Mais d'où vient maintenant la possibilité d'une telle fin ; car la possibilité du concept d'une chose (si ce concept n'implique pas contradiction) ne suffit pas pour admettre la possibilité de la chose même (la réalité objective du concept.)

II.

EXPOSITION DE L'IDÉE D'UNE FIN QUI EST EN MÊME TEMPS UN DEVOIR.

Le rapport de la fin au devoir peut s'imaginer de deux manières : ou bien en partant de la fin pour trouver la *règle* des actions conformes au devoir ; ou réciproquement, c'est-à-dire en partant de la règle pour trouver la *fin,* qui est en même temps devoir. — Le droit suit la première de ces méthodes. Chacun est bien libre de donner à ses actions quel but il veut ; mais la règle en est déterminée *à priori*, afin que la liberté de l'agent puisse subsister avec la liberté

qui est doué d'une résolution assez ferme et d'une ame assez forte pour ne pas renoncer au plaisir qu'il s'était promis, quels que soient les inconvénients qui puissent en résulter pour lui ; mais qui, à la pensée qu'il manque par là à son devoir, ou qu'il néglige un pere malade, abandonne sur-le-champ son dessein, quoique à grand regret, fait preuve de la liberté au plus haut degré, par cela même qu'il ne peut moralement résister à la voix du devoir.

de tout le monde, conformément à la loi générale.

Mais la morale suit une marche contraire : elle ne peut partir de fins que l'homme puisse se proposer, ni statuer d'après ces fins sur la règle à suivre, c'est-à-dire sur son devoir ; car ces fins seraient des principes empiriques de règles qui ne donneraient aucun concept du devoir, ce concept (le devoir catégorique) n'ayant sa base que dans la raison pure. Il ne pourrait non plus être proprement question du concept de devoir, si les règles devaient être prises des fins (qui toutes sont égoïstes). — En morale, le *concept de devoir* conduira donc aux fins, et constituera, suivant les principes moraux, des *règles* par rapport aux fins que nous devons nous proposer.

Pour m'en tenir à la valeur d'une fin qui est par elle-même un devoir, et pour montrer comment une telle fin est possible, il est nécessaire de dire ici qu'un tel devoir a reçu le nom de *devoir moral,* et de faire voir pour quelle raison.

A tout devoir correspond un droit, considéré comme faculté morale en général ; mais tout devoir n'emporte pas pour autrui le *droit (facultas juridica)* de contraindre judiciairement celui qui en est grevé : les devoirs auxquels on peut être contraint sont particulièrement appelés *devoirs de droit.* — De même, à toute *obligation* morale correspond le concept de vertu, mais tous les devoirs moraux ne sont pas pour cela devoirs de vertu. Ne sont pas tels, en effet, ceux qui n'ont pas tant pour objet un certain but (matière, objet de la volonté), que la simple *forme* de la détermination sensible de la volonté (v. g. que l'action conforme au devoir se fasse aussi *par devoir*). Il n'y a qu'une *fin en même temps devoir* qui puisse être appelée *devoir de vertu*. Il y a donc plusieurs devoirs de vertu, comme il y a aussi différentes vertus. Au contraire, il n'y a qu'un devoir moral, mais qui vaut pour toutes les actions, une intention honnête.

Le devoir moral diffère essentiellement du devoir de droit, en ce que celui-ci admet la possibilité morale d'une contrainte extérieure, tandis que l'autre ne repose que sur une contrainte libre, venant de nous-même. — Pour des êtres finis, *saints* (qui ne peuvent pas même être tentés de violer le devoir), il n'y a aucune science des devoirs, mais simplement une science des mœurs, laquelle est une *autonomie** de la raison pratique; tandis qu'au contraire, la science des devoirs contient en outre l'*autocratie***, la puissance absolue de cette même raison, c'est-à-dire, la conscience de la *faculté* de pouvoir vaincre nos inclinations

---

* Αὐτονομία, action de se commander à soi-même.
** Αὐτοκρατιαν.

contraires à la loi, conscience qui, quoique ne tombant pas immédiatement sous l'observation, se conclut néanmoins légitimement de l'impératif catégorique moral. De sorte que la moralité humaine à son plus haut degré ne peut être autre chose cependant que la vertu, quand même elle serait parfaitement pure (complètement exempte de tous mobiles étrangers à celui du devoir); cas auquel elle est communément personnifiée par le poète, qui appelle *sagesse* cet idéal (vers lequel il faut tendre sans relâche.)

Mais la vertu ne doit pas non plus être définie ni réputée *habitude* pure, ainsi que le prétend Cochius dans un ouvrage qui a été couronné, comme une longue *accoutumance* aux actions moralement bonnes, acquise par l'usage. Car si cette habitude n'est pas un effet des principes fermes et de plus en plus épurés dont il est question, alors, comme tout autre mécanisme de la raison techniquement pratique, elle n'est point armée pour tous les cas, ni suffisamment garantie contre le changement que peuvent amener de nouvelles séductions.

OBSERVATIONS.

La *non-vertu négative* (foiblesse morale) $= 0$, comme opposée logique (*contradictorie oppositum*) de la vertu, qui $= + a$; mais le vice $= - a$, comme *contraire* (*contrariè seu realiter oppositum*). C'est une question non seulement inutile, mais encore déplacée, que celle de savoir si, par hasard, il ne faut pas plus de force d'ame pour les grands *crimes* que pour les grandes *vertus* elles-mêmes. Car, par force d'ame nous entendons la fermeté de résolution de l'homme, comme être doué de liberté, par conséquent en tant qu'il est maître de lui-même (qu'il se sert de son esprit), et qu'il se trouve ainsi dans un état sain d'intelligence. Les grands crimes sont des paroxismes dont l'aspect glace d'horreur l'homme dont l'ame est saine. La question reviendrait donc en quelque sorte à savoir si un homme, dans un accès de fureur, aurait plus de force physique que s'il était dans son bon sens ; ce qu'on peut accorder sans cependant lui attribuer plus de force d'ame, si par ame on entend le principe de vie de l'homme qui jouit du libre usage de ses forces. Car, comme les crimes n'ont leur cause que dans la puissance des inclinations qui *affaiblissent* la raison, ce qui ne prouve aucune force d'ame, cette question revient assez a demander si un homme, dans un accès de fièvre, pourrait deployer plus de force que dans l'état de santé ; ce qu'on peut nier sans hésiter, parce que l'absence de la santé, qui consiste dans l'équilibre de toutes les forces corporelles de l'homme, est un affaiblissement dans le système de ces forces, système d'après lequel seulement on peut juger de la santé absolue.

III.

DE LA MANIÈRE DE PENSER UNE FIN QUI EST EN MÊME TEMPS DEVOIR.

La fin est un *objet* du libre arbitre, qui se determine, par la représentation de cet objet, à une action par laquelle cette fin est produite. Toute action a donc sa fin ; et comme personne ne peut avoir une fin sans s'en faire une de l'objet *même* de sa volonté, la fin ou but d'action est donc un acte de la *liberté* du sujet agissant, et non un effet de la *nature*. Mais parce que cet acte, qui détermine un but, est un principe pratique qui ne commande pas les moyens (qui ne prescrit par conséquent pas conditionnellement), mais qui commande la fin même (par conséquent qui prescrit absolument), c'est donc un impératif catégorique de la raison pratique pure, par conséquent un impératif qui unit *le concept de devoir* à celui d'un but en général.

Il doit donc y avoir une telle fin et un impératif catégorique qui lui corresponde. Car, puisqu'il y a des actions libres, il doit aussi y avoir des fins auxquelles ces actions tendent comme à leurs objets. Mais parmi les fins, il doit aussi y en avoir quelques-unes qui en même temps (c'est-à-dire quant à leur concept) soient des devoirs. — Car s'il n'y en avait pas de telles, toutes les fins, par la raison que toute action doit avoir un but, ne vaudraient jamais pour la raison pratique que comme des moyens pour d'autres fins, et l'impératif catégorique serait impossible : ce qui détruit toute science morale.

Il n'est donc pas ici question des fins que se *propose* l'homme, d'après les inclinations sensuelles de sa nature, mais des objets de libre arbitre qui sont soumis à ses lois, et qu'il doit prendre pour but. On peut appeler téléologie pragmatique cette première espèce de téléologie* technique (subjective), qui a pour objet les règles de la prudence dans le choix des fins.

---

* Τελος, fin ; téléogie, traité de la fin.

Mais la seconde espèce de téléologie doit s'appeler morale (objective) : distinction qui cependant est peu utile dans ce cas, puisque la morale se distingue déjà clairement de la physique (c'est-à-dire de l'anthropologie) par son concept. Cette dernière se fonde sur des principes empiriques, tandis que la téléologie morale, qui traite des devoirs, repose sur des principes donnés *à priori* dans la raison pratique pure.

IV.

QUELLES SONT LES FINS QUI SONT EN MÊME TEMPS DES DEVOIRS.

Ce sont : *le perfectionnement de soi-même, — le bonheur d'autrui.*

On ne peut ici changer le rapport des états aux personnes, c'est-à-dire qu'on ne peut, d'une part, prendre son propre bonheur, et d'autre part, le perfectionnement d'autrui, pour des fins qui seraient des devoirs dans un même individu.

Car le *bonheur* est une fin que se proposent, à la vérité, tous les hommes (par une inclination naturelle); mais cette fin ne peut sans contradiction être considérée comme devoir. Ce que chacun veut déjà de soi-même inévitablement, n'appartient pas au concept de *devoir ;* car le devoir est une *contrainte* que l'on se fait en faveur d'une fin prise contre son inclination. Il est donc contradictoire de dire que l'on est *obligé* de se procurer de toutes ses forces son propre bonheur.

Il y a également contradiction à prendre pour fin le *perfectionnement* possible d'autrui, et de se croire obligé de le lui procurer. Car le perfectionnement d'un autre homme, considéré comme personne, consiste en ce qu'il est lui-même capable de s'imposer une fin d'après ses propres concepts de devoir ; et il y a contradiction d'exiger (de m'imposer le devoir) de faire quelque chose dont un autre seul est capable.

V.

EXPLICATION DE CES DEUX CONCEPTS.

§ I. *Perfectionnement de soi-même.*

Le mot *perfection* est sujet à plus d'une équivoque. Quelquefois il est pris pour le concept de l'ensemble total de la diversité constitutive d'une seule chose, concept qui appartient à la philosophie transcendentale : — mais pour qu'il appartienne à la *téléologie*, il faut l'entendre de manière à lui faire signifier l'appropriation des qualités d'une chose à une fin. On pourrait, dans le premier sens, appeler la perfection *quantitative* (matérielle); et dans le second sens, *qualitative* (formelle). La première espèce de perfection doit nécessairement être une, car l'universalité des attributs d'une chose est une. Mais une chose peut être susceptible de plusieurs perfections de la seconde espèce ; et c'est conséquemment de celle-ci que nous devons nous occuper spécialement *.

Quand on dit que c'est un devoir de se proposer pour fin la perfection dont l'homme en général (proprement l'humanité) est susceptible, cette perfection doit donc être un résultat réfléchi des actions de l'homme et non un don de la nature, car autrement elle ne serait pas un devoir. Le perfectionnement ne peut donc consister que 1º dans la *culture* de ses propres *facultés* (ou éléments naturels), au nombre desquelles l'*entendement*, comme faculté des concepts, et par conséquent des concepts de devoir, tient sans

---

* J'appelle la première *perfection*, et la seconde *perfectionnement*. La première est parfaite et finie, en ce sens qu'elle n'est plus susceptible d'accroissement ; la seconde est imparfaite, indéfinie, et n'atteint jamais son apogée. — La langue française a consacré cette définition.   N. d. T.

contredit le premier rang ; 2º dans la culture de la *volonté* de satisfaire à tous les devoirs en général (moralité de la pensée).

I. C'est donc un devoir pour l'homme que de s'arracher à la rudesse de sa nature, à son caractère animal (*quoad actum*), et de s'imposer la tâche d'avancer toujours de plus en plus et de tout son pouvoir vers l'humanité, qui seule rend capable de se donner des fins, de se dépouiller de son ignorance par l'instruction, de corriger, d'abjurer ses erreurs. Et non seulement la raison techniquement pratique le lui *persuade* pour ses fins ultérieures (les fins de l'art), mais la morale pratique le lui *ordonne* absolument, et lui fait un devoir de cette fin, pour se rendre digne de l'humanité, qu'il représente.

II. C'est un devoir pour lui que de faire avancer la culture de sa *volonté* jusqu'à l'amour le plus pur pour la vertu ; ce qui a lieu lorsque la *loi* est en même temps un mobile d'actions conformes au devoir, et lorsque la volonté obéit par devoir à la loi (de se proposer pour fin propre toute fin particulière qui est un devoir). Ce dernier caractère constitue la perfection moralement pratique intérieure, qui (parce qu'elle est un sentiment de l'effet que la volonté législatrice exerce dans l'homme sur la faculté d'agir suivant la loi) est appelée *sens moral*, comme si elle était un *sentiment* particulier; comme si, semblable au génie de Socrate, ce sentiment précédait la raison ou pouvait se passer de son jugement; sentiment qui est néanmoins une perfection, quoique certainement il soit pris trop souvent d'une manière abusive et fanatique.

§ II. *Bonheur d'autrui.*

Le bonheur, c'est-à-dire, le contentement de sa position, en tant que la durée en est sûre, est nécessairement désiré et recherché par la nature humaine; mais il n'est pas pour cela une fin qui soit en même temps devoir. — Mais on distingue encore un bonheur moral et un bonheur physique : le premier consiste dans le contentement de soi-même et de sa conduite morale ou de ses *actions*, et l'autre dans le contentement de ce que la nature nous donne, et dont on *jouit* par conséquent comme d'un présent étranger. Il faut donc faire attention ici, sans blâmer l'équivoque du mot (qui renferme déjà une contradiction), que la première espèce de sentiment ne convient qu'à la perfection. — Car celui qui doit se sentir heureux dans la simple conscience de sa probité, possède déjà cette perfection qui a été expliquée dans le titre précédent comme fin qui est en même temps devoir.

Si donc il est question du bonheur auquel je dois m'attendre par devoir comme à ma fin, ce doit être le bonheur des autres hommes, *de la fin* (licite) desquels je fais ici *la mienne propre*. C'est à eux du reste à juger ce qui peut les rendre heureux ; seulement je puis refuser, à moins qu'ils n'aient le droit de les exiger de moi et comme leurs, plusieurs choses qu'ils s'imaginent être propres à cet effet, mais que je ne crois pas telles. On oppose toutefois à cette fin une prétendue *obligation* que j'aurais de pourvoir aussi à mon propre bonheur (physique), et l'on convertit ainsi en devoir cette fin naturelle et purement subjective : mais ce n'est là qu'une objection apparente, souvent employée contre la division des devoirs (IV), ce qu'il fallait savoir.

Les contre-temps, la douleur et la pauvreté portent grandement à l'infraction du devoir. L'opulence, la santé, la force, et toute espèce de prospérité en général, opposée à cette influence, peuvent donc aussi, comme on voit, être des fins qui soient en même temps devoirs. C'est donc une obligation de se procurer *son propre* bonheur, et de ne pas s'occuper seulement de celui d'autrui : — mais alors le bonheur d'autrui n'est pas le but, mais le moyen nécessaire pour écarter les obstacles qui s'opposent à la moralité du sujet, seule chose qui soit *permise*; personne n'ayant le droit d'exiger de moi le sacrifice de mes fins non immorales. Ce n'est pas un devoir de rechercher directement l'opulence pour elle-même, mais c'en est peut-être un indirect ; savoir, pour chasser la misère comme grande conseillère du vice : mais alors ma moralité, dont je veux conserver l'intégrité, est ma fin et mon devoir en même temps.

VI.

LA MORALE NE DONNE PAS DES LOIS POUR LES *ACTIONS* (C'EST L'OBJET DU DROIT), MAIS ELLE N'EN DONNE QUE POUR LES RÈGLES DES ACTIONS.

Le concept de devoir se rapporte immédiatement à une *loi* (en faisant même abstraction de toute fin, comme matière du devoir) ; car, ainsi que l'indique déjà le principe formel du devoir dans cet impératif catégorique, « Agis de telle sorte que la règle de tes actions puisse être une *loi* générale », cette loi n'est pensée dans la morale que comme loi d'*une* volonté *spéciale*, et non comme loi de la volonté en général ; volonté qui dès lors pourrait être aussi celle d'autrui, ce qui donnerait un n devoir de droit, qui ne peut appartenir à la morale. — Les règles sont donc ici considérées comme des principes subjectifs, et comme telles seulement sont *susceptibles* d'être élevées à la qualité de législation générale, ne formant alors qu'un principe négatif, qui ne répugne point à une loi en général. — Mais maintenant, comment peut-il y avoir une loi pour les règles des actions?

Le concept d'une *fin-devoir*, concept qui appartient proprement à la morale, est la seule chose qui serve de fondement à la loi des règles des actions, puisque le but subjectif (qui est celui de tout le monde) est subordonné au but objectif (que chacun doit se proposer). L'impératif « Tu dois te donner pour fin ceci ou cela » (v. g. le bonheur d'autrui), porte sur la matière de la volonté (sur son objet). Or, comme aucune action libre n'est possible sans que l'agent n'envisage en même temps une fin comme objet de sa volonté, il faut donc, s'il y a une fin-devoir, que la règle des actions considérées comme moyens d'atteindre une fin, ne soit que la condition d'être appropriées (*der Qualification*) à une législation générale possible : au contraire, la fin-devoir peut faire une loi de cette règle; tandis qu'il suffit pour la règle même, de la simple possibilité d'être d'accord avec une législation universelle.

Car les règles des actions peuvent être arbitraires quant à leur exécution ou à leur non exécution, et ne se trouver soumises qu'à la condition restrictive de convenir à une législation universelle, comme à un principe formel d'action. Mais une *loi* enlève aux actions ce qu'elles ont d'arbitraire, et diffère par là de toute *recommandation*. (Il n'y a effectivement pas autre chose quand il n'est simplement question que de savoir quels sont les moyens les plus convenables à une fin.)

VII.

LES DEVOIRS MORAUX SONT D'UNE OBLIGATION *PLUS LARGE*; LES DEVOIRS DE DROIT SONT AU CONTRAIRE D'UNE OBLIGATION *PLUS STRICTE*.

Cette proposition est une conséquence des précédentes. Car si la loi ne peut prescrire que la règle des actions, et non les actions elles-mêmes, c'est une preuve qu'elle accorde au libre arbitre un vaste champ pour l'observance; c'est-à-dire, qu'elle ne peut déterminer à la rigueur comment et combien il doit être fait par l'action, pour la fin-devoir. Il ne faut cependant pas entendre par devoir large une permission qui comprendrait toutes les exceptions à la règle des actions ; mais seulement la faculté de limiter une règle de devoir par une autre (v. g. l'amour du prochain par celui des parents), ce qui en effet agrandit le champ de la pratique de la vertu. — Plus le devoir est large, plus par conséquent l'obligation d'agir est imparfaite : néanmoins, plus l'homme (dans son intention) resserre la règle de l'observance du devoir large en la rapprochant du devoir strict, plus son action vertueuse est parfaite.

Les devoirs imparfaits ne sont donc que des *devoirs moraux*. Leur accomplissement constitue le *mérite* $= + a$: leur transgression n'est pourtant pas d'un seul coup démérite $= - a$, mais simplement *non-valeur* morale $= 0$; excepté le cas où le sujet se ferait un principe de ne point se plier à ces devoirs. La force de résolution dans le premier cas s'appelle proprement *vertu ;* la faiblesse dans le second est moins un *vice* qu'une *non-vertu*, défaut de force morale. (Comme le mot *vertu* vient de *valoir*, *non-vertu* ne signifie, suivant l'étymologie, que *non-valeur*). Toute action contraire au devoir s'appelle *transgression* (*peccatum*) : mais la transgression délibérée, qui est devenue principe, est proprement ce que l'on nomme *vice*.

Quoique la conformité des actions au droit

pour être un homme juste aux yeux de la loi) ne soit pas un mérite, néanmoins le caractère juridique de la règle de ces sortes d'actions comme devoir, c'est-à-dire *l'observance* du droit, est *méritoire*. Car l'homme se *propose* par là pour fin le droit de l'humanité, ou même celui des hommes *in concreto*, étendant par là son concept de devoir au-delà de celui *d'obligation* (*officium debiti*), parce qu'un autre peut exiger en vertu de son droit des actes conformes à la loi, mais qu'il ne peut pas exiger que cette loi contienne les motifs de ces actes. Il en est de même aussi du précepte moral universel, « Fais ton devoir par devoir. » Se pénétrer de ce sentiment et s'en animer, comme dans le cas précédent, est acte *méritoire*, parce qu'il dépasse la loi du devoir des actions, et fait en même temps un motif de la loi.

Mais tout devoir qui serait accompli par un principe subjectif de *récompense* morale doit aussi être compté parmi les devoirs larges, parce qu'il devient effectivement alors devoir moral large. Néanmoins, il approchera le plus possible du devoir strict, si on le pratique d'après la loi de vertu, et comme susceptible d'un plaisir moral supérieur au simple contentement de soi-même (qui peut être purement négatif), plaisir qui fait dire que la vertu trouve son prix dans sa propre conscience.

Si c'est un mérite pour l'homme, par rapport à ses semblables, que de procurer leur fin naturelle et reconnue telle par tous (de manière à faire de leur bonheur le sien propre), on peut l'appeler un mérite très-doux, et dont la conscience procure une jouissance morale, dans laquelle les hommes sont portés à l'*abus* (zu schwelgen, *ad luxuriandum*) en mettant leur joie en commun. Néanmoins, comme le *pénible mérite* de procurer aux autres hommes leur véritable bien, quoiqu'ils ne le reconnoissent pas pour tel (dans les choses difficiles et désagréables), n'a pas d'ordinaire un pareil résultat, il ne procure que le *contentement* de soi-même, qui sera encore plus pur et plus grand que dans le cas précédent.

VIII.

EXPOSITION DES DEVOIRS MORAUX COMME DEVOIRS LARGES.

§ I. *Perfectionnement propre, comme fin-devoir.*

1° *Perfectionnement physique*, c'est-à-dire, *culture* de toutes les *facultés* en général, pour atteindre la fin proposée par la raison. On voit donc que ce devoir est en lui-même une fin, et que ce travail, sans égard même à l'avantage qu'il nous procure, a pour fondement un impératif conditionné pratiquement, mais absolu moralement. La faculté de se proposer un but en général, est le caractère de l'humanité (ce qui la distingue de l'animalité). Au but de l'humanité dans notre propre personne se trouve donc unie la volonté rationelle, par conséquent le devoir de bien mériter de l'humanité par sa culture en général ; d'acquérir et de fortifier en soi la *faculté* d'obtenir différentes fins possibles, en tant que cette faculté se trouve dans l'homme même ; c'est-à-dire, le devoir de cultiver les rudiments grossiers de sa nature, comme ce qui élève enfin l'animal à la dignité d'homme : par conséquent, devoir absolu.

Mais ce devoir est simplement moral, c'est-à-dire, d'obligation large. Aucun principe rationel ne prescrit déterminément *jusqu'où* l'on doit avancer dans le perfectionnement qui n'est que l'extension et la sage direction de ses facultés intellectuelles, c'est-à-dire dans les connaissances, ou dans l'aptitude pour les arts. D'ailleurs, la différence des situations où les hommes peuvent se trouver, fait que le choix du genre d'occupations auxquelles on doit vouer son talent dépend beaucoup du hasard. — Il n'y a donc pas ici de loi rationelle pour les actions, mais seulement pour la règle des actions, laquelle est ainsi conçue : « Cultive tes forces physiques et morales, pour les rendre aptes à toutes les fins qui peuvent se présenter, incertain que tu es quelles sont celles qui doivent t'échoir. »

2° *Culture morale* en nous. La plus grande perfection morale possible de l'homme est de remplir son devoir, mais aussi *par devoir*. Que la loi morale ne soit donc pas simplement la règle, mais aussi le mobile des actions. — Or, cette loi semble être une obligation *stricte*, du moins au premier abord ; et le principe du devoir de toute action paraît prescrire avec la sévérité et la rigueur d'une loi, non-seulement la *légalité*, mais encore la *moralité*, c'est-à-dire l'intention (*Gesinnung*). Dans le fait cependant, la loi morale prescrit seulement, même ici, de ne chercher sa *règle d'action*, c'est-à-dire le principe de l'obligation, que dans la loi elle-même, et non dans les motifs sensibles (les avantages ou les inconvénients). — Elle ne prescrit donc point *l'action même* ; — — car il est impossible à l'homme d'apercevoir les profondeurs de son propre cœur, trop cachées qu'elles sont pour qu'il puisse être jamais parfaitement sûr de la pureté de son dessein moral et de la sincerité de son intention, même dans *un seul* acte; n'aurait-il d'ailleurs aucun doute sur la légalité de cet acte. La faiblesse, qui, plus que toute autre chose, detourne un homme de la temérité du crime, passe en lui pour vertu (laquelle éveille le concept de force); et combien y en a-t-il qui ont vécu long-temps irréprochables, et qui ne doivent qu'au *hasard* d'échapper à de nombreuses tentations! ils ignorent complètement le prix moral pur de l'intention dans les actions.

Par conséquent, le devoir d'estimer ses actions, non-seulement par leur légalité, mais encore par la moralité (l'intention), n'est que d'obligation *large;* la loi morale ne prescrit pas cet acte interne même dans le cœur de l'homme, mais elle impose seulement la règle de l'action, afin que l'on s'y fixe de toutes ses forces, et que la pensée du devoir soit, par elle-même, un motif suffisant pour tous les actes conformes au devoir.

§ II. *Bonheur d'autrui, comme fin-devoir.*

1° *Le bien physique.* La bienveillance peut être illimitée, car pour cela on n'a besoin de rien faire. Mais c'est différent s'il s'agit de la *bienfaisance;* surtout, si nous devons être bienfaisants non par inclination, non par amour pour nos semblables, mais par devoir, et en sacrifiant, en mortifiant la concupiscence. — Que cette bienfaisance soit un devoir, c'est ce qui résulte de ce que le bonheur d'autrui est une fin-devoir, parce que notre amour de nous-même ne peut être séparé du désir impérieux d'être aussi aimé des autres (d'en obtenir secours dans l'adversité): nous nous faisons donc fin pour les autres, et cette règle ne peut jamais obliger que par sa seule appropriation à une loi générale, par conséquent, par la volonté de nous donner aussi les autres pour fin.

Mais, je dois sacrifier une partie de mon bien-être aux autres sans espérance de retour, puisque c'est un devoir, et qu'il est impossible de déterminer au juste les limites de ce devoir. Il importe donc beaucoup de déterminer quels sont les véritables besoins d'autrui, d'après sa manière de sentir; et c'est ce qui doit être laissé à la disposition de chacun. Car le sacrifice de son propre bonheur, de ses véritables besoins, pour procurer le bonheur d'autrui, serait une règle contradictoire, si l'on en faisait une loi générale. — Ce devoir n'est donc qu'un devoir *large;* il est même susceptible d'une latitude en plus ou en moins, qui ne peut être rigoureusement assignée. — La loi morale vaut seulement pour des règles, et non pour des actions déterminées.

2° *Le bien moral* fait aussi partie du bonheur d'autrui qu'il est de notre devoir de procurer ; mais de devoir négatif seulement. La douleur que ressent un homme des remords de sa conscience, quoique la source en soit morale, est cependant physique, quant à son effet, comme le chagrin, la crainte, et tout autre état maladif. — D'empêcher que le reproche intérieur ne s'empare de lui, comme il le mérite, ce n'est pas mon *devoir*, mais son *affaire :* cependant, je ne dois rien faire qui puisse être, suivant la nature de l'homme, un appât à ce qui pourrait ensuite tourmenter sa conscience ; ce qui s'appelle donner du *scandale*. Mais il n'y a pas de bornes déterminées dans lesquelles puisse être compris le soin de la tranquillité morale d'autrui : il n'y a donc en cela qu'une obligation large.

IX.

QU'EST-CE QUE LE DEVOIR MORAL ?

La *vertu* est la force de la règle de l'homme dans l'accomplissement du devoir. — Toute force n'est connue que par les obstacles qu'elle peut surmonter ; mais dans la vertu, les obstacles sont les inclinations naturelles qui peuvent se trouver en opposition avec la résolution morale ; et l'homme mettant lui-même les obstacles à la loi, la vertu est non-seulement une contrainte que nous nous imposons (puisque autrement une inclination naturelle pourrait essayer d'en vaincre une autre), mais encore une contrainte exercée d'après le principe de liberté intérieure, par conséquent d'après la simple représentation de son devoir, suivant la loi formelle de ce devoir.

Tous les devoirs renferment un concept de *coaction* légale : les devoirs *moraux* même contiennent une coaction telle qu'ils ne sont susceptibles que d'une législation intérieure : tandis qu'au contraire, les *devoirs de droit* sont susceptibles d'une législation extérieure. Les deux cas emportent par conséquent le concept d'une contrainte exercée ou par soi-même ou par autrui : et alors la faculté morale de la première contrainte peut s'appeler vertu ; et l'action résultant de l'intention d'observer la loi, peut s'appeler (moralement) acte de vertu, quoique la loi énonce un devoir de droit; car c'est la morale qui prescrit de se conformer au droit positif.

Mais ce dont la pratique est une vertu, n'est

pas encore pour cela un *devoir moral* proprement dit. Il peut concerner simplement la *forme* de la règle, au lieu que le devoir moral s'entend de la matière de la règle ; je veux dire de la *fin-devoir*. — Mais l'obligation morale des fins, qui peuvent être fort nombreuses, n'est qu'une obligation *large*, puisqu'elle contient simplement une loi servant de *règle* aux actions ; tandis que la fin est la *matière* (l'objet) de la volonté : d'où il suit qu'il y a, suivant les différences de la fin légale, beaucoup de devoirs différents, qui s'appellent *devoirs moraux* (*officia honestatis*), par la raison qu'ils ne sont soumis qu'à une contrainte volontaire, et non à une contrainte étrangère, et qu'ils déterminent la fin-devoir.

La vertu, considérée comme accord de la volonté avec le devoir, et fondée sur une ferme résolution, est, comme toute *forme*, simplement une. Mais par rapport à la *fin-devoir* de l'action, c'est-à-dire à la fin (matérielle) qu'on *doit* se proposer, il peut y avoir plusieurs vertus, et alors l'obligation de se conformer à la règle de cette fin s'appelle devoir moral ; d'où il suit qu'il peut y avoir aussi plusieurs devoirs de cette nature.

Le premier principe de la morale est d'agir suivant la règle de la *fin* que chacun peut prendre pour règle générale de ses actions. Suivant ce principe, l'homme est une fin, tant à lui-même qu'aux autres ; et il ne suffit pas qu'il ne lui soit pas permis de s'employer lui-même ou d'employer les autres comme simples moyens (pouvant dans ce dernier cas rester neutre à l'égard d'autrui), mais c'est un devoir en soi pour l'homme, que de prendre pour fin l'homme en général.

Ce principe de la morale, comme impératif catégorique, n'est susceptible d'aucune preuve, mais bien d'une déduction de la raison pratique pure *. — Ce qui, par rapport à l'homme, peut être fin pour lui et pour les autres, *est* fin aux yeux de la raison pratique ; car cette raison est la faculté des fins en général, à l'égard desquelles elle ne peut, sans contradiction, rester indifférente, parce qu'alors elle ne déterminerait pas non plus la règle des actions (qui ont toujours un but); il n'y aurait par conséquent aucune raison pratique. Mais la raison pure ne peut prescrire *à priori* aucune fin qu'elle ne la proclame en même temps comme devoir, et c'est ce devoir qu'on appelle devoir moral.

* La déduction d'un concept est la preuve de sa légitimité ; c'est la raison de droit des jurisconsultes.
(*V. la Crit. de la rais. pure.*)
N. d. T.

X.

LE PREMIER PRINCIPE DU DROIT A ÉTÉ *ANALYTIQUE :* CELUI DE LA MORALE EST *SYNTHÉTIQUE* *.

Il est clair, d'après le principe de contradiction, que la contrainte extérieure, en tant qu'elle est un effort opposé à l'obstacle de la liberté extérieure, d'accord avec les lois générales (un obstacle à l'obstacle même de la liberté), peut subsister avec les fins en général ; et je n'ai pas besoin de sortir du concept de la liberté pour comprendre cette contrainte, quelle que soit la fin que chacun se propose. — Le premier *principe de droit* est donc une proposition analytique.

Au contraire, le principe de la vertu est en

---

* Un principe, un jugement est analytique, lorsqu'on en retrouve les différents éléments dans un seul concept; il est synthétique lorsqu'on a besoin d'ajouter un concept à un autre pour l'obtenir. C'est ainsi, v. g., que le concept de liberté générale extérieure fournit à l'analyse celui de contrainte, comme le concept de corps donne le concept d'étendue : c'est ainsi, au contraire, que le concept de liberté extérieure ne rend pas à l'analyse celui de fin, qui doit néanmoins être adjoint au premier pour former le concept de vertu, comme le concept de rondeur n'est point fourni par le concept de corps pour arriver au concept de corps rond. (*V. la Crit. de la rais. pure.*)

N. d. T.

dehors du concept de la liberté extérieure, et emporte, outre ce concept, suivant une loi générale, une *fin* qu'il érige en *devoir*. Ce principe est donc synthétique. — Sa possibilité est donc contenue dans la déduction (IX).

Cette extension du concept de devoir au-delà du concept de la liberté extérieure et de sa circonscription par la seule forme de sa convenance constante, dans le cas où la liberté *intérieure* est mise à la place de la contrainte extérieure, liberté qui consiste ici dans la faculté de se contraindre soi-même, non pas par le moyen d'autres inclinations, mais par la raison pratique pure (qui méprise ces intermédiaires), cette extension, dis-je, consiste à établir des *fins* dont le droit en général fait abstraction, et à s'élever ainsi au-dessus du devoir de droit. — Dans l'impératif moral et dans la supposition nécessaire d'une liberté en sa faveur, la *loi*, la *faculté* (de l'accomplir), et la *volonté* déterminant les règles, constituent tous les éléments qui forment le concept du devoir de droit. Mais quiconque se prescrit un *devoir moral*, a aussi, outre le concept d'une contrainte volontaire, celui d'une *fin;* non pas celle que nous nous proposons, mais celle que nous devons nous proposer; fin par conséquent que la raison pratique pure emporte d'elle-même, et dont la fin suprême absolue (sans cesser d'être devoir) consiste en ce que la vertu soit à elle-même sa propre fin, et le bien qu'elle fait aux hommes sa propre récompense. Ce qui lui donne un tel éclat, comme idéal, que, d'après la manière de voir de l'esprit humain, elle semble éclipser la *sainteté* même, qui n'est jamais sollicitée à la transgression *; ce qui néanmoins est une illusion, puisque n'ayant aucune mesure de la force non plus que de la grandeur des obstacles que nous avons pu vaincre (obstacles qui sont nos inclinations), nous sommes portés à prendre les conditions *subjectives* de l'appréciation d'une quantité pour les conditions *objectives* de la quantité elle-même. Mais si l'on compare la vertu aux *fins humaines*, qui toutes ont à vaincre leurs obstacles, il est vrai de dire que son prix, comme sa fin propre, surpasse de beaucoup le prix de toute utilité, de toutes les fins et de tous les avantages empiriques qui l'accompagnent.

On peut donc très-bien dire, que l'homme est obligé *à la vertu* comme à une force mo-

---

* En sorte qu'on peut très-bien appliquer ici ces deux vers connus de Haller :

L'homme avec ses défauts,
Est meilleur que la foule des anges privés de volonté.

rale : car, quoique la faculté de vaincre tous les mobiles qui réagissent sensiblement, faculté d'une demi-liberté, puisse et doive être absolument *supposée*, cette faculté comme force (*robur*) est cependant quelque chose qui doit être acquis, par la raison que le *ressort* moral (la représentation de la loi) est augmenté par la considération de la dignité de la loi rationelle pure en nous, et en même temps encore par l'exercice.

XI.

Le schéma des devoirs moraux peut être représenté de la manière suivante, conformément aux principes précédents.

MATIÈRE DU DEVOIR MORAL.

	1.	2.	
DEVOIR MORAL INTERNE.	*Fin propre*, qui est en même temps devoir pour moi. (Mon *perfectionnement propre*.)	*Fin d'autrui*, que je suis également obligé de procurer. (Le *bonheur* d'autrui.)	**DEVOIR MORAL EXTERNE.**
	3.	4.	
	La *loi*, qui est en même temps principe d'action. Loi sur laquelle repose la *moralité*	La *fin*, qui est en même temps principe d'action. Fin sur laquelle repose la *légalité*	

de toute détermination libre de la volonté.

FORME DU DEVOIR MORAL.

XII.

PRÉLIMINAIRES ESTHÉTIQUES SUR LA CAPACITÉ DE L'ESPRIT POUR LES CONCEPTS DE DEVOIR EN GÉNÉRAL.

Il y a des qualités morales telles qu'on ne peut être obligé de les acquérir si on ne les a pas. — Ce sont *le sentiment moral*, *la conscience*, *l'amour du prochain* et le *respect* de *soi-même*. Il n'y a aucune obligation de les posséder, parce qu'elles sont, comme conditions *subjectives*, le fondement de la capacité du concept de devoir, et non le principe de la moralité, comme conditions objectives. Elles sont toutes des prédispositions *esthétiques* et antécédentes, mais naturelles, qui rendent ensuite l'homme susceptible des concepts de devoir; dispositions qu'on ne peut être obligé de posséder, mais que tout homme porte au-dedans de lui, et dont la force peut l'obliger. — Leur conscience n'est point d'origine empirique, mais elle ne peut être que la conséquence d'une loi morale, comme effet de cette conscience sur l'esprit.

§ I. SENS MORAL.

Le sens moral est la capacité du plaisir ou du déplaisir, simplement par la conscience de la convenance ou de la disconvenance de nos actions avec le devoir. Mais toute détermination de la volonté part *de* la représentation de l'action possible par le sentiment du plaisir ou du déplaisir, pour trouver dans l'action ou dans son effet un intérêt qui nous détermine à *la* faire? Partout où il y a état *esthétique* (affection du sens intime, là est aussi un sentiment *pathologique*, ou un sentiment moral. — Le premier est le sentiment qui précède la représentation de la loi; le second est celui qui ne peut être que l'effet de cette loi.

Il ne peut y avoir aucune loi qui oblige d'avoir un sentiment moral, ou de l'acquérir; car toute conscience de l'obligation pose en principe le sentiment, pour être conscient de la nécessité qui accompagne le concept de devoir : mais tout homme (comme être moral) le porte originairement au-dedans de lui : l'obligation peut seulement consister à le *cultiver*, et même à le fortifier par l'admiration de son origine inscrutable, en faisant voir comment, isolé de tout attrait pathologique, et dans sa pureté, il peut surtout être excité par la seule représentation rationelle.

Ce sentiment est appelé proprement *sens moral*; car, par le mot sens, on entend le plus souvent la faculté théorétique d'apercevoir, considérée par rapport à un objet : au contraire, le sens moral (comme plaisir et déplaisir en géneral) est quelque chose de simplement subjectif, qui ne donne aucune connaissance. Nul homme n'est dépourvu de sens moral; car, s'il était privé de la capacité de recevoir en lui ce sentiment, il serait mort moralement; et si (pour employer le langage de la médecine) la force de la vie morale ne pouvait plus irriter ce sentiment, l'humanité se résoudrait, suivant des lois chimiques en quelque sorte, en pure animalité, et se mêlerait sans retour à la masse des autres êtres physiques. — Nous n'avons pas plus de *sens* particulier pour le bien et le mal (moral), que nous n'en avons pour la *vérité*, quoique on s'exprime souvent comme s'il en existait un; mais nous sommes *capables* du libre arbitre, capables d'en recevoir l'impulsion par la raison pratique pure, et par sa loi : c'est là ce que nous appelons sens moral.

§ II. *De la Conscience.*

La conscience morale ne peut pas plus s'acquérir que le sens moral, et il n'y a pas de devoir qui prescrive de se la donner. Mais tout homme, comme être sensible, *porte* en lui cette conscience primitive. Dire qu'on est obligé d'avoir une conscience, c'est dire qu'on est obligé de connaître les devoirs : car la conscience est la raison pratique qui montre à l'homme son devoir dans toutes les circonstances d'une loi, pour louer ou blâmer ensuite l'agent. Elle ne se rapporte donc pas à un objet, mais simplement au sujet (pour affecter de son action le sentiment moral). La conscience est donc un fait inévitable, non une obligation, ni un devoir. Quand donc on dit : Cet homme *n'a* pas de conscience, on veut dire qu'il se soucie peu du dictamen de la conscience. Car, s'il n'avait réellement pas de conscience, il ne revendiquerait rien de conforme et ne se reprocherait rien de contraire au devoir ; il ne pourrait par conséquent plus penser jamais au devoir d'avoir de la conscience.

J'omets ici les différentes divisions de la conscience ; et je remarque seulement que, de ce qui vient d'être dit, il suit qu'il n'y a pas de conscience *erronée*. Car, dans le jugement objectif, nous pouvons bien quelquefois ne pas savoir si quelque chose est devoir ou ne l'est pas ; mais dans le jugement subjectif je ne puis pas me tromper, si j'ai comparé quelque chose à ma raison pratique (qui juge ici), afin de pouvoir porter ensuite mon jugement, sans quoi il n'y aurait pas jugement pratique ; auquel cas il n'y a ni erreur ni vérité. Le *manquement à la conscience* n'est point un défaut de conscience, c'est un penchant à s'affranchir de son jugement. Mais si quelqu'un est sûr d'avoir agi suivant sa conscience, on ne peut rien exiger de plus de lui, relativement à la culpabilité ou à l'innocence : on doit seulement éclairer son *entendement* sur ce qui est ou n'est pas devoir. Mais, lorsqu'on en vient au fait, ou qu'on y est venu, alors la conscience parle involontairement ou nécessairement. Ce n'est donc pas même un devoir d'obéir à sa conscience, parce que autrement il faudrait qu'il y eût une autre conscience pour s'assurer de l'acte de la première, et le contrôler.

Il n'y a sous ce rapport d'autre devoir que de cultiver sa conscience, de faire attention à la sentence du juge intérieur, et d'employer tous les moyens possibles (par conséquent devoir indirect seulement) pour l'entendre.

§ III. *De l'Amour pour le prochain.*

L'*amour* est une affaire de sentiment, et non de volonté : je ne puis aimer parce que je le *veux*, et moins encore parce que je le *dois* (je ne puis être forcé d'aimer); le *devoir d'aimer* n'existe donc pas. Mais la *bienveillance* peut, comme fait, être soumise à une loi-devoir. Toutefois, il arrive souvent aussi d'appeler *amour* la bienveillance pour les hommes, lorsqu'elle est dégagée de toute considération d'utilité personnelle mais c'est très-improprement. Et même, dès qu'il est question, non du bonheur d'autrui, mais du dévouement total et libre de toutes ses fins pour procurer la fin d'un autre être (même surhumain), on parle d'un amour qui est en même temps un devoir pour nous : mais tout devoir est *contrainte*, dût cette contrainte être volontaire d'après quelque loi ; or, on ne peut dire que ce que nous faisons par force soit l'effet de l'amour.

C'est un devoir de faire du bien aux autres hommes suivant nos facultés, qu'on les aime ou qu'on ne les aime pas ; et ce devoir ne perd rien de son importance, quand même on ferait l'affligeante observation que notre espèce est si peu faite pour être aimée, que si on la voyait de plus près on la trouverait particulièrement indigne d'amour.—Mais la *misanthropie* est toujours *honteuse*, quoique, exempte d'actions hostiles, elle ne soit que l'isolement du commerce des hommes : car la bienveillance reste toujours un devoir, même envers l'homme ennemi, que nous ne pouvons assurément aimer, mais auquel nous pouvons néanmoins faire du bien.

Mais haïr le vice dans l'homme n'est ni un devoir ni un vice, c'est simplement un sentiment d'aversion pour le vice, sans que la volonté ait sur ce sentiment la moindre influence ; et réciproquement. Faire le bien est un devoir. Celui qui le fait souvent, et qui s'aperçoit qu'il n'a pas mal placé ses bienfaits, parvient enfin à aimer réellement celui qui a été l'objet de sa bienfaisance. Si donc il est dit : Tu dois aimer ton prochain comme toi-même, cela ne veut pas dire : Tu dois (dabord) l'aimer immédiatement, et (ensuite) par le moyen de cet amour lui faire du bien ; mais : *Fais du bien* aux autres hommes, et ce bienfait produira en toi l'amour de l'humanité (comme habitude de l'inclination à faire le bien en général.)

L'amour du plaisir moral (Wolgefallen, *amor complacentiæ*), serait donc direct. Mais il répugne que ce soit un devoir d'éprouver ce plaisir (comme immédiatement lié à la représentation de l'existence d'un objet); c'est-à-dire qu'il répugne d'être forcé à retirer du plaisir de quelque chose.

§ IV. *Du Respect.*

Le respect (*reverentia*) est quelque chose de purement subjectif, un sentiment d'une espèce particulière; non un jugement portant qu'il faut faire ou procurer quelque chose. Car le respect pourrait, considéré comme devoir, n'être représenté que par le respect que nous avons pour le respect lui-même : dire qu'on est obligé par ce devoir, ce serait donc dire que l'on serait obligé par obligation. — Quand donc on dit que c'est un *devoir* pour l'homme de se *respecter* lui-même, c'est dire peu de chose, et il vaudrait beaucoup mieux dire, qu'une loi intérieure le force inévitablement à *respecter* sa nature propre; et ce sentiment (unique de son espèce) est un principe de devoirs certains, c'est-à-dire d'actions certaines, qui peuvent subsister avec le devoir envers soi-même; mais on ne peut pas dire que *c'est un devoir pour lui de se respecter lui-même*; puisqu'il doit avant tout avoir en lui le respect pour la loi, pour pouvoir seulement penser à un devoir en général.

XIII.

PRINCIPES UNIVERSELS DE LA MÉTAPHYSIQUE DES MOEURS DANS LE TRAITÉ D'UNE ÉTHIQUE PURE.

1. Un devoir ne peut avoir non plus qu'un *seul* principe d'obligation ; et, si deux ou plusieurs preuves concourent en sa faveur, c'est une marque certaine ou que l'on n'a aucune preuve valide, ou qu'il y a aussi plusieurs devoirs différents qu'on a pris pour un seul.

Car toutes les preuves morales, comme philosophiques, ne peuvent se faire que par la connaissance rationelle tirée des *concepts;* et non, comme les administrent les mathématiques, par la construction des concepts* ; car les constructions permettent la pluralité des preuves d'une seule et même proposition, parce qu'il peut y avoir dans l'*intuition à priori* plusieurs déterminations de la quantité d'un seul objet, qui toutes reviennent au même principe. — Si, v. g., l'on veut prouver le devoir de

---

* *V. Critique de la Raison pure*, comment la construction des concepts géométriques s'opère *à priori*. Ce n'est que parce qu'ils sont susceptibles d'une telle construction, que la géométrie peut être enseignée aux aveugles.   A. d. T.

la véracité, d'abord par le *détriment* que les autres souffrent du mensonge, et ensuite par l'ignominie qui en retombe sur le menteur et par la violation du respect qu'il se doit à lui-même, la première preuve porte sur un devoir de bienveillance, et non de véracité ; ce n'est donc pas là le devoir qu'on voulait prouver, mais on en a prouvé un autre. — Si l'on se persuade que, dans plusieurs arguments en faveur de la même proposition, le nombre des raisons compensera le manque de valeur de chacune d'elles, c'est un artifice tout-à-fait indigne du philosophe, parce qu'il décèle des piéges et de l'improbité ; puisque différentes raisons insuffisantes, placées *les unes à la suite des autres*, ne compensent point l'impuissance de ces preuves à l'effet de produire la certitude et même la probabilité. — Et tel est néanmoins l'artifice de la rhétorique.

II. La différence qu'il y a entre le vice et la vertu ne peut se trouver dans les *degrés* de certaines règles à suivre, mais seulement dans leur *qualité* spécifique (le rapport à la loi) ; en d'autres termes, le principe tant loué (d'Aristote), de faire consister la vertu dans le milieu entre deux vices, est faux*. Soit, par exem-

---

* Les formules accoutumées et moralement classiques quant au langage ; *Medio tutissimus ibis, Omne nimium vertitur in vitium,*

ple, une sage administration domestique comme *milieu* entre deux vices, la prodigalité et l'avarice : son origine, comme vertu, ne peut être expliquée ni par le décroissement successif du premier des deux vices ci-dessus jusqu'à l'épargne, ni par l'accroissement des dépenses de celui qui est adonné au second vice ; parce que ces vices ne pourraient pas être considérés comme allant au-devant l'un de l'autre, comme suivant des directions opposées, et se réunissant dans une sage administration domestique ; mais chacun d'eux a ses maximes propres, qui sont nécessairement contraires à celles de l'autre.

Par la même raison, aucun vice en général ne peut être défini une pratique de certaines actions *plus grande* qu'il n'est convenable, (v. g. la prodigalité est la consommation excessive de *ses richesses*); ou une pratique *moindre* que

---

Est modus in rebus, etc. ; *Medium tenuére beati; Virtus est medium vitiorum, et utrinque reductum*, renferment une prompte sagesse, qui est sans aucun principe déterminé. Car, qui m'indiquera le milieu à tenir entre deux extrêmes ? *L'avarice* (comme vice) diffère de la parcimonie (comme vertu), non en ce qu'elle va *trop loin*, mais en ce qu'elle a un tout *autre principe*, savoir, de faire consister la fin de l'administration domestique, non dans la *jouissance*, mais dans la *possession* de la fortune sans en jouir : de même que la *prodigalité* ne consiste pas dans la jouissance démesurée de ses facultés, mais dans la fausse règle qui n'admet d'autre fin que l'usage de la chose, sans aucun égard à la conservation de cette chose.

de droit, (v. g. l'avarice est le *défaut* de consommation). Car, comme le *degré* n'est pas défini par là, mais que tout dépend de la question de savoir si la conduite est ou non conforme au devoir, ce degré ne peut donc servir à la définition.

III. Les devoirs moraux ne doivent pas être estimés d'après la faculté accordée à l'homme de satisfaire à la loi ; mais au contraire, la faculté morale doit être estimée d'après la loi catégoriquement impérative : ils ne doivent donc pas se conformer à la connaissance empirique que nous avons des hommes tels qu'ils sont, mais à la connaissance rationelle comme à l'idée que nous avons de l'humanité. Ces trois règles d'un traité scientifique de morale sont opposées à ces vieux apophtegmes :

1. Il n'y a qu'une seule vertu et un seul vice.
2. La vertu consiste à garder un juste milieu entre deux vices opposés.
3. La vertu (telle que la prudence) doit être prise de l'expérience.

XIV.

DE LA VERTU EN GÉNÉRAL.

La vertu désigne une force morale de la volonté. Mais cela n'épuise point encore le concept de vertu ; car une pareille force pourrait compéter aussi à un être *saint* (surhumain), dans lequel aucun instinct contraire à la loi de sa volonté ne réagit, qui par conséquent fait tout de son plein gré conformément à la loi. La vertu est donc la force morale de la volonté de l'homme dans l'accomplissement du *devoir;* force qui est une *contrainte* morale par sa propre raison législative, en tant que cette raison se constitue elle-même *pouvoir exécutif* de la loi. — Elle n'est pas elle-même un devoir, non plus que sa possession (car autrement il faudrait qu'il y eût une obligation de devoir pour le devo irlui-même), mais elle donne son ordre, et l'accompagne de la contrainte morale possible (par les lois de la liberté intérieure). Mais, comme elle doit être irrésistible, elle a besoin d'une force dont nous ne pouvons estimer le degré que par la grandeur des obstacles que l'homme se fait à lui-même par ses inclinations. Les vices, comme fruit de pensees contraires à la loi, sont des monstres qu'il doit vaincre sur le champ : c'est pourquoi cette force morale, comme *force*, constitue la plus grande et l'unique gloire guerrière de l'homme : aussi est-elle proprement appelée *sagesse* pratique, parce qu'elle s'approprie la *destination* de l'existence de l'homme sur la terre. Ce n'est qu'autant que l'homme en est en possession, qu'il est libre, saint, riche, roi, etc., et qu'il ne peut eprouver de perte ni par le hasard ni par le destin, parce qu'il se possède lui-même, et que l'honnête homme ne peut perdre sa vertu.

Tous les discours concernant l'idéal de l'humanité dans sa perfection morale, ne peuvent rien perdre de leur réalité pratique par l'exemple du contraire de ce qu'ils sont maintenant, de ce qu'ils ont été ou qu'ils seront sans doute à l'avenir ; et l'*anthropologie*, qui résulte de la connaissance purement empirique, ne peut porter la moindre atteinte à l'*anthroponomie*, qui est donnée par une raison absolument législative. Et quoique la vertu (par rapport aux hommes et non à la loi) puisse de temps en temps s'appeler méritoire, et être digne d'une récompense, elle doit être considérée comme sa propre récompense à elle-même, ainsi qu'elle est sa propre fin.

La vertu, considérée dans toute sa perfection, est donc représentée non comme si l'homme la possédait, mais comme possédant l'homme ; parce qu'elle aurait l'air, dans le premier cas, d'avoir été du choix de l'homme (cas auquel il aurait encore besoin d'une autre vertu pour choisir la première de préférence à tout autre objet qui lui serait présenté.) — Reconnaître plusieurs vertus (comme il est inévitable), ce n'est autre chose que se représenter différents objets moraux auxquels la volonté est conduite par le principe propre de la vertu. Il en est de même des vices opposés. L'expression qui personnifie l'un et l'autre est une machine esthétique, mais qui néanmoins fait voir un sens moral. — L'esthétique de la morale n'est donc pas, à la vérité, une partie de sa métaphysique, quoiqu'elle en soit cependant une exposition subjective : la, les sentiments qui accompagnent la force nécessitante de la loi morale rendent son efficacité sensible ; par exemple, ils font éprouver du dégoût, de l'horreur, etc., toutes choses qui produisent l'aversion morale, pour prévenir l'attrait *purement* sensible.

XV.

DU PRINCIPE DE DISTINCTION ENTRE LA MORALE ET LE DROIT.

Cette distinction, sur laquelle repose aussi la précédente division de la *philosophie morale*, se fonde sur ce que le concept de *liberté*, commun à ces deux sciences, rend nécessaire la division des devoirs en devoirs de *liberté extérieure* et devoirs de *liberté intérieure*. Les derniers seulement appartiennent à la morale. — La liberté interne doit donc précéder, comme discours préliminaire, et même comme condition de tout *devoir moral* (comme précédemment la doctrine de la conscience a dû être exposée d'abord comme condition de tout devoir en général.)

OBSERVATION.

De la morale *suivant le principe de la* liberté *intérieure.*

L'habitude (*Fertigkeit, habitus*) est la facilité d'agir, et la perfection subjective de la *volonté*. — Mais toute *facilité* de cette nature n'est pas une habitude libre (*habitus libertatis*); car, si elle est *coutume* (*assuetudo*), c'est-à-dire si son uniformité a dégénéré en *nécessité* par l'action trop souvent répétée, il n'y a plus habitude produit de la liberté, par conséquent plus d'habitude morale. On ne peut donc *définir* la vertu, l'habitude dans les actions libres legalement; mais bien si l'on ajoutait, l'habitude de se déterminer « a l'action par la représentation de la loi, » et alors cette habitude n'est plus une qualité de la volonté (Wilkuhr), mais de la *volition* (Willens), qui est en même temps, outre la règle qu'elle adopte, une faculté de désir universellement législative, et peut seule être réputée vertu.

Mais, pour la liberté intérieure, il faut deux choses : être *maître* de soi (*animus sui compos*), et pouvoir se *commander* (*imperium in semet-ipsum*); c'est-à-dire *comprimer* ses affections, et *gouverner* ses passions. — Le *caractère de l'esprit* (*indoles*) dans ces deux états est noble (*erecta*); mais il est abject, esclave dans le cas opposé (*indoles abjecta, serva*).

XVI.

POUR ÊTRE VERTUEUX IL FAUT D'ABORD *SE COMMANDER*.

Les *émotions* et les *passio ns* sont essentiellement différentes les unes des autres : les premières appartiennent au *sentiment*, en tant qu'il rend les secondes impossibles ou difficiles, sans réflexion préalable. C'est pour cette raison que l'affection s'appelle *soudaine*, ou *glissante* (*animus præceps*); et la raison dit par le concept de vertu qu'il faut se *retenir*. Cependant cette faiblesse dans l'usage de son entendement, jointe à la force du mouvement du cœur, n'est qu'une *non-vertu*, quelque chose, pour ainsi dire, de puéril et de faible, qui peut très-bien se rencontrer avec la meilleure volonté, et qui a encore l'avantage unique, que cette tempête du cœur se calme bientôt. Le penchant à l'affection (par exemple à la colère) ne s'unit par conséquent pas aussi bien avec le vice que la passion. La *passion* au contraire est l'*appétit* sensible converti en inclination constante (v. g. la *haine* comparée à la colère). La tranquillité de la haine permet la délibération, et laisse établir à l'esprit des principes à cet égard : ainsi, quand l'inclination porte sur quelque chose de contraire à la loi, nous gardons cette inclination, nous la réchauffons pour lui laisser jeter de profondes racines, et par là nous acceptons (intentionellement) le mal dans sa règle ; ce qui alors est un mal *qualifié*, c'est-à-dire un véritable *vice*.

La vertu, en tant que fondée sur la liberté intérieure, contient donc aussi pour l'homme un précepte affirmatif par rapport à lui-même, savoir, de retenir sous sa puissance (sous la raison) toutes ses facultés et ses inclinations ; par conséquent le précepte de la domination de soi-même, qui a pour objet, outre la coaction, de ne point se laisser dominer par les sentiments et les inclinations (le devoir de l'*apathie*); parce que, si la raison ne prend en mains les rênes du gouvernement, les penchants vicieux soumettent l'homme à leur empire.

XVII.

L'*APATHIE* OU INSENSIBILITÉ CONSIDÉRÉE COMME FORCE, EST UNE CONDITION NÉCESSAIRE DE LA VERTU.

Ce mot, signifiant l'absence du sentiment, par conséquent l'indifférence subjective par rapport aux objets de la volonté, sonne mal ; on l'a pris pour synonyme d'imbécillité. On peut prévenir ce mal-entendu, en appelant *apathie morale* cette absence d'*émotions*, très-distincte de l'indifférence : alors les sentiments résultant des impressions sensibles ne perdent leur influence sur la raison morale, qu'autant que le respect pour la loi devient plus puissant qu'elles toutes. — Cette influence n'est que la force apparente d'un furieux, force qui laisse croître, ou plutôt dégénérer jusqu'à l'émotion la partie vitale du *bien* même. L'émotion de cette espèce s'appelle *enthousiasme*, et par là donne aussi la *mesure* que l'on recommande avec soin dans la pratique même des vertus :

> Insani sapiens nomen ferat, æquus iniqui,
> ULTRA QUAM SATIS EST virtutem si petat ipsam. Hoc.

Car autrement il serait absurde de penser que l'on peut très-bien être *trop sage, trop honnête*.

L'émotion appartient toujours à la sensibilité, quel que soit l'objet qui l'excite. La véritable force de la vertu est la *tranquillité d'ame*, avec le dessein arrêté et ferme d'observer la loi morale. C'est l'état de *santé* dans la vie morale. Au contraire, l'émotion, excitée même par la représentation du *bien*, est un phénomène resplendissant de la durée d'un clin-d'œil, qui ne laisse après lui que lassitude. Mais cependant celui-là peut être appelé fantastiquement vertueux, qui ne reconnaît rien *d'indifférent* en morale ; qui jonche, pour ainsi dire, de devoirs, comme d'autant de chausse-trappes, tous ses pas, tous ses mouvements, et ne trouve pas indifférent que je me nourrisse de viande ou de poisson, de bierre ou de vin, si l'un des deux me convient de préférence. Si la morale admettait cette recherche des infiniments petits, son empire deviendrait une tyrannie.

OBSERVATION.

La vertu est constamment *progressive*, et cependant commence toujours *par la fin* (*à calce*) ; le progrès vient après : parce que, considérée *objectivement*, elle est un idéal inaccessible. Mais néanmoins, c'est toujours un devoir que de s'en approcher de plus en plus. Le point de départ, ou la fin, se fonde, *subjectivement*, sur la nature humaine affectée de ses inclinations, sous l'influence desquelles la vertu, avec ses règles établies une fois pour toutes, ne peut jamais ni se reposer ni s'arrêter : mais si elle ne s'élève, elle descend immanquablement, parce que les règles morales ne peuvent, comme les règles techniques, se fonder sur l'habitude (ce qui est en effet le propre de la qualité physique de la détermination volontaire); mais, quand même son exercice deviendrait habitude, le sujet perdrait alors la *liberté* dans le choix de ses règles; choix ou liberté qui cependant est le caractère d'une action faite par devoir.

XVIII.

NOTIONS PRÉLIMINAIRES SUR LA DIVISION DE LA MORALE.

Ce principe de la division doit comprendre :
I. Pour ce qui regarde la *forme*, toutes les conditions servant à distinguer de la science du droit, quant à la forme spécifique, une partie de la morale universelle; distinction provenant, 1° de ce que les devoirs moraux sont ceux pour lesquels il n'y a point de législation extérieure; 2° de ce qu'une loi devant néan-

moins servir de fondement à tout devoir, cette loi peut être dans la morale une loi de devoir, non pour les actions, mais seulement pour les règles des actions ; 3° de ce que (et c'est encore une conséquence de ce qui précède) le devoir moral doit être considéré comme *large*, et non comme strict.

II. Quant à la *matière*, elle ne doit pas être proposée simplement comme science des devoirs en général, mais encore comme *science des fins;* de telle sorte que l'homme est obligé de se donner pour fin tant lui-même que tout autre, ce qu'on a coutume d'appeler devoir de l'amour de soi et de l'amour du prochain ; mais ces expressions sont prises ici dans un sens impropre, parce qu'il ne peut y avoir directement aucun devoir d'aimer, mais bien d'agir de manière à prendre pour fin soi-même et les autres.

III. Quant à la distinction de la matière et de la forme (distinction de la légalité d'avec la convenance à la fin ou forme finale), dans le principe du devoir, il faut remarquer que toute *obligation morale* (*obligatio ethica*) est un devoir moral (*officium ethicum seu virtutis*); en d'autres termes, que le respect dû à la loi en général ne constitue pas encore une fin comme devoir ; car la fin seule est devoir moral. — D'où il suit qu'il n'y a qu'*une seule* obligation *morale*, mais *beaucoup* de devoirs moraux, puisqu'il y a beaucoup d'objets qui sont pour nous des fins que nous sommes obligés de nous proposer : mais il n'y a qu'une intention honnête, comme raison subjective déterminante de l'accomplissement du devoir, intention qui s'étend également aux devoirs de droit, qu'on ne peut néanmoins appeler devoirs moraux. — Toute *division* de la morale ne peut donc porter que sur les devoirs moraux. La science de la manière d'être également obligé sans égard à la loi extérieure possible, est la morale même, considérée d'après son principe formel.

OBSERVATION.

Mais pourquoi, demandera-t-on, faire entrer la division de la morale dans une *science élémentaire* et dans une *méthodologie ;* tandis qu'on pourrait s'en dispenser dans la science du droit ? — La raison en est que la première s'occupe des devoirs *larges*, et celle-ci des devoirs *stricts ;* c'est pourquoi la dernière, qui, de sa nature, doit être rigoureusement déterminante, n'a pas plus besoin que les mathématiques pures d'un prescrit général (d'une méthode) sur la manière dont elle doit juger mais ; elle se trace une véritable méthode par le fait.—La morale, au contraire, par la latitude qu'elle laisse aux devoirs imparfaits, conduit inévitablement aux questions qui provoquent la faculté de juger sur la manière d'appliquer une règle dans les cas particuliers, d'où il résulte que cette règle donne bientôt naissance à une seconde règle (subordonnée), dont on peut demander également le principe d'application aux différents cas qui se présentent. La morale retombe donc alors dans une sorte de *casuistique* dont le droit n'a nullement à s'occuper.

La casuistique n'est ni la science ni une partie de la science; car si elle était scientifique, elle serait dogmatique : or, cependant, elle est moins une méthode d'*invention* qu'un simple exercice pour *rechercher* la vérité. La casuistique n'entre donc dans la morale que suivant le besoin, et par *fragments* en quelque sorte, et non systématiquement ; elle en fait partie sous forme de scolies ; tandis que la morale doit être liée et systématique. Au contraire, l'*exercice* du jugement, bien moins que l'exercice de la raison, même dans la théorie des devoirs comme dans leur *pratique*, appartient particulièrement à la morale, comme *méthodologie* de la raison morale pratique. La méthode de la première espèce d'exercice (dans la théorie des devoirs, s'appelle *didactique*, et se subdivise en méthode *acroamatique* et en méthode *érotématique*. Celle-ci est l'art d'interroger l'élève sur ce qu'il sait déjà des concepts de devoir, soit parce qu'on le lui a dit, auquel cas on ne s'adresse qu'à sa mémoire, ce qui convertit la méthode érotématique en *catéchétique*; soit parce qu'on suppose que ce qu'on lui demande se trouve déjà naturellement dans sa raison, et n'a besoin que d'être développé, ce qui donne alors la méthode *dialogique* (socratique).

A la didactique, comme méthode d'application théorétique, correspond dans la pratique l'*ascétique*, qui est la partie de la méthodologie dans laquelle on enseigne comment non-seulement le concept de vertu, mais encore la faculté morale, ainsi que la volonté, peuvent être exercées et cultivées.

Suivant ces principes, notre système se divisera donc en deux parties: *la doctrine élémentaire morale*, et *la méthodologie morale*. Chaque partie sera traitée dans différents chapitres, qui en formeront les divisions. Dans la première partie, ces chapitres se régleront sur la diversité des *sujets* envers lesquels l'homme est obligé; dans la seconde, sur la différence des *fins* que la raison lui impose, et sur sa capacité pour ces fins.

XIX.

La division que la raison pratique donne pour base du système de ses concepts dans la *morale* (l'architectonique), peut s'opérer suivant deux principes, isolés ou réunis : l'un, qui présente en un système le rapport *subjectif* des obligés aux obligeants, quant à la *matière;* l'autre, qui présente le rapport *objectif* des lois morales aux devoirs en général, quant à la *forme*. — La première division est celle des êtres par rapport auxquels une obligation morale peut être imaginée : la *seconde* est celle des concepts de la raison pure moralement pratique, concepts qui appartiennent à chacun des devoirs de cette raison, et par conséquent à l'éthique, en tant seulement qu'elle doit être une *science ;* concepts enfin qui sont indispensables au contexte méthodique de toutes les propositions qui ont été trouvées en suivant la première description.

72 INTRODUCTION A LA MORALE.

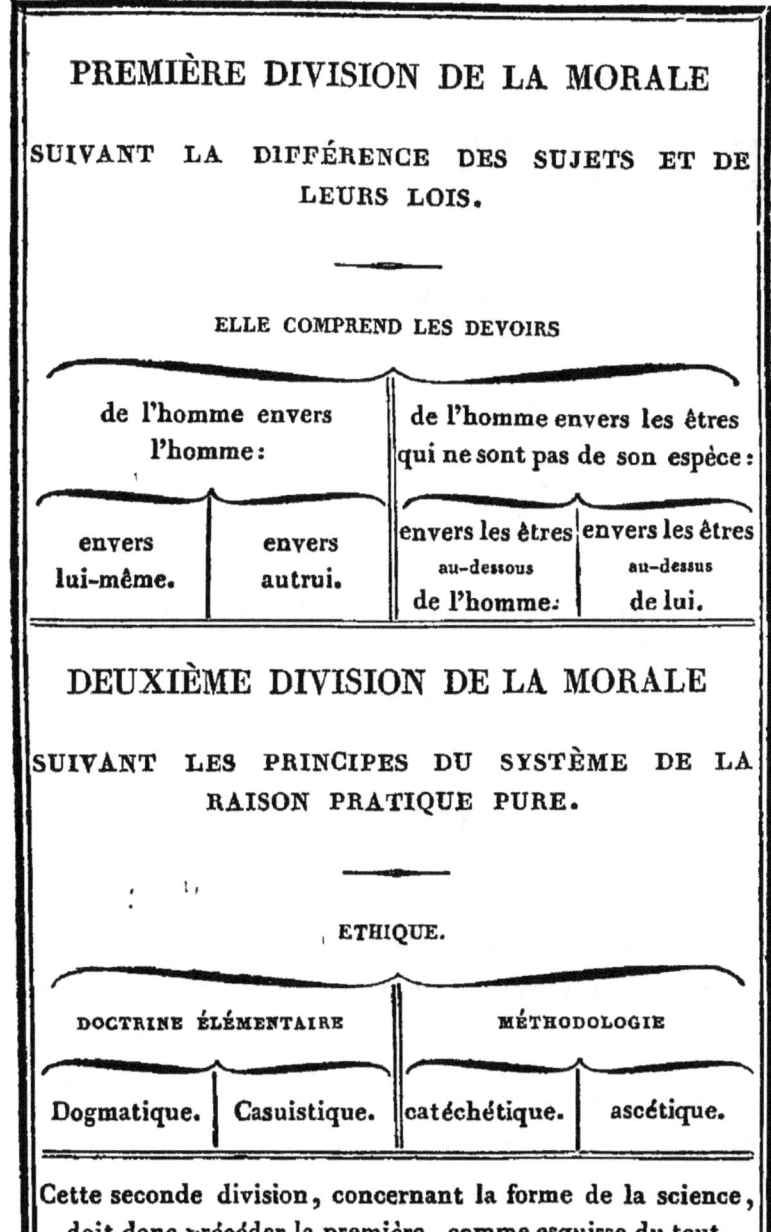

PREMIÈRE DIVISION DE LA MORALE

SUIVANT LA DIFFÉRENCE DES SUJETS ET DE LEURS LOIS.

ELLE COMPREND LES DEVOIRS

de l'homme envers l'homme :		de l'homme envers les êtres qui ne sont pas de son espèce :	
envers lui-même.	envers autrui.	envers les êtres au-dessous de l'homme.	envers les êtres au-dessus de lui.

DEUXIÈME DIVISION DE LA MORALE

SUIVANT LES PRINCIPES DU SYSTÈME DE LA RAISON PRATIQUE PURE.

ETHIQUE.

DOCTRINE ÉLÉMENTAIRE		MÉTHODOLOGIE	
Dogmatique.	Casuistique.	catéchétique.	ascétique.

Cette seconde division, concernant la forme de la science, doit donc précéder la première, comme esquisse du tout.

PREMIÈRE PARTIE.

DOCTRINE MORALE

ÉLÉMENTAIRE.

LIVRE PREMIER.

DES DEVOIRS ENVERS SOI-MÊME EN GÉNÉRAL.

INTRODUCTION.

§ I. *Le concept de devoir envers soi-même renferme* (au premier aperçu) *une contradiction.*

Si l'on considère l'*obligeant* et l'*obligé* dans un seul individu, le concept de devoir envers soi-même est sans doute contradictoire. Car le concept de devoir emporte celui d'une contrainte passive (*je suis obligé*). Mais de ce qu'il s'agit d'un devoir envers moi-même, je me represente alors comme *obligeant*, par conséquent dans une nécessité active (*moi*, le même sujet, je suis celui qui *oblige*); et la proposition énonçant un devoir envers soi-même, Je *dois* m'obliger moi-même, renfermerait l'obligation d'être obligé, obligation *passive* qui serait cependant en même temps, dans le même terme du rapport, une obligation *active*, et par conséquent une contradiction. — On peut remarquer aussi cette contradiction en considérant que l'obligeant (*auctor obligationis*) pourrait toujours dispenser l'obligé (*subjectum obligationis*) de l'obligation (*terminus obligationis*); par conséquent, si tous deux sont un seul et même sujet, celui qui oblige à un devoir qu'il s'impose à lui-même n'est point du tout astreint: ce qui répugne.

§ II. *Il y a cependant des devoirs de l'homme envers lui-même.*

Supposez en effet qu'il n'y en eût pas, il n'y en aurait pas d'autres, pas même d'extérieurs. — Car, je ne puis me reconnaître obligé envers les autres qu'autant que je m'oblige en même temps moi-même; parce que la loi par la force de laquelle je me crois obligé, procède en tout cas de ma raison pratique propre, par laquelle je suis contraint, puisque je suis en même temps pouvoir coactif à mon égard[*].

§ III. *Solution de cette apparente antinomie.*

L'homme se considère, dans la conscience du devoir envers lui-même, comme son sujet sous un double rapport : premièrement, comme *être sensible* (c'est-à-dire comme homme faisant partie de l'espèce animal), puis aussi comme *être raisonnable*, non-seulement doué de raison, (parce que la raison, quant à sa faculté théorétique, pourrait très-bien appartenir à un être corporel vivant), mais comme un être accessible à toute espèce de sentiment, et qu'on ne peut connaître que dans les rapports moraux pratiques où la liberté, cet inconcevable attribut de l'homme, se manifeste par l'influence de la raison sur la volonté intérieurement législative.

Or, l'homme, comme *être physique* raisonnable (*homo phœnomenon*), peut, par sa raison, *comme cause*, être déterminé à l'action dans le

---

[*] C'est ainsi qu'on dit, par exemple, lorsqu'il s'agit de conserver sa réputation ou sa vie : « Je me dois cela à moi-même. » Et s'il ne s'agit que de devoirs d'une importance moindre, qui aient pour objet non pas le nécessaire, mais seulement le méritoire de l'accomplissement du devoir, je dis, par exemple : « Je me
« dois d'augmenter mon talent, à cause de mes relations avec les
« hommes, etc., (je me dois de me cultiver.) »

monde sensible ; et ici le concept de l'obligation n'est point encore examiné. Le même homme, considéré quant à sa personnalité, c'est-à-dire, comme un être doué de *liberté* intérieure (*homo noumenon*), est un être tellement capable d'obligation, particulièrement envers lui-même (envers l'humanité dans sa propre personne), que (considéré sous ce double rapport), il peut reconnaître un devoir envers lui-même sans tomber en contradiction, parce que le concept d'homme n'est pas pensé dans un seul et même sens.

§ IV. *Du principe de la division des devoirs envers soi-même.*

La division ne peut avoir lieu que par rapport à l'objet du devoir, non par rapport au sujet qui s'oblige : le sujet, tant obligé qu'obligeant, n'est *toujours que le même homme ;* et, quoique nous puissions théorétiquement distinguer dans l'homme l'ame et le corps comme des qualités de l'homme distinctes l'une de l'autre, il n'est cependant pas permis de considérer ces parties comme des substances différentes obligeant l'homme, pour avoir la faculté de diviser les devoirs par rapport *au corps* et par rapport *à l'ame.* — Ni l'expérience ni les conclusions de la raison ne nous apprennent suffisamment s'il y a dans l'homme une ame (résidant en lui, distincte du corps, ayant la faculté de penser indépendamment de Dieu, c'est-à-dire, une substance spirituelle), ou bien si la vie ne serait pas plutôt une propriété de la matière. Et quand même il y aurait une ame, aucun devoir de l'homme envers le *corps* (comme sujet obligeant), quoique corps humain, ne serait imaginable.

I. Il ne peut donc y avoir qu'une division *objective* des devoirs envers soi-même, tant pour la forme que pour le fonds. Parmi ces devoirs, les uns sont *limitatifs* (ou négatifs), les autres *extensifs* (positifs) : les premiers *défendent* à l'homme de rien faire contre la *fin* de sa nature, et ne concernent par conséquent que *sa conservation* morale ; les seconds *ordonnent* de se proposer pour fin de la volonté un certain objet, et ont pour but le perfectionnement de soi-même. Les uns et les autres, comme devoirs moraux, font partie de la vertu, soit comme devoirs d'omission (*sustine et abstine*), soit comme devoirs d'action (*viribus concessis utere*). Les premiers appartiennent à la *santé morale* (*ad esse*) de l'homme, comme objet du sens soit interne soit externe, pour le maintien de son être dans sa perfection (en tant que *capacité.*) Les seconds appartiennent au *bien être* moral (*ad melius esse opulentia moralis*), qui consiste dans la possession d'une faculté suffisante pour *toute fin*, en tant que cette faculté peut être acquise, et qu'elle appartient à la culture de soi-même (comme perfection active). Le premier principe du devoir envers soi-même est renfermé dans la sentence suivante : Vis conformément à la nature (*naturæ convenienter vive*); c'est-à-dire, *Conserve-toi* dans la perfection de ta nature. Le second principe est ainsi conçu : Rends-toi plus parfait que simple nature ne t'a fait, (*perfice te ut finem, perfice te ut medium.*)

II. Mais il y a une division *subjective* des devoirs de l'homme envers lui-même, c'est-à-dire, une division suivant laquelle le sujet du devoir (l'homme) se considère ou comme être *animal* (physique), et en même temps moral, ou *simplement comme être moral*.

Or, il y a trois sortes de mobiles de la nature sous le rapport de l'*animalité* de l'homme, savoir : 1° le mobile par lequel la nature tend à sa conservation propre ; 2° celui par lequel elle tend à la conservation de l'espèce ; 3° celui par lequel elle tend à la conservation de sa faculté d'employer ses forces de manière à atteindre sa fin, et à ne se procurer que les jouissances de la vie animale. — Les vices opposés à ce devoir de l'homme envers lui-même, sont *le suicide*, l'abus de l'*inclination pour le sexe*, et l'*usage immodéré des aliments*, qui affaiblit l'usage légitime de ses forces.

Le devoir de l'homme envers lui-même, *simplement* comme être moral (sans avoir égard à son animalité), consiste dans la *forme*, c'est-à-dire dans l'accord des règles de sa volition avec la *dignité* humaine dans sa personne; par conséquent dans la défense de se priver de la *prérogative* d'un être moral, qui consiste à se conduire suivant les principes; c'est-à-dire, dans la défense de se dépouiller de sa liberté intérieure, crainte qu'il ne devienne alors le jouet machinal de ses penchants. — Les vices opposés à ce devoir, sont : le *mensonge*, l'*avarice* et la *fausse modestie* (basse adulation). Les hommes atteints de ces vices se font des principes diametralement opposés au caractère de l'homme comme être moral, c'est-à-dire, opposés à la liberté intérieure, à la dignité naturelle de l'homme (au moins quant à la forme); ce qui veut dire qu'ils ont pour principe de n'en avoir aucun, et par conséquent d'être sans caractère, de s'avilir, et de se rendre l'objet du mépris de tout le monde. — La vertu opposée à tous ces vices, peut s'appeler *honneur*

(*honestas interna, justum suî œstimium*); façon de penser totalement différente de *l'ambition des honneurs* (qui peut être très-vile) : mais cette vertu sera par la suite traitée d'une manière particulière sous cette dénomination.

PREMIÈRE DIVISION.

DES DEVOIRS PARFAITS ENVERS SOI-MÊME.

CHAPITRE PREMIER.

DEVOIR DE L'HOMME ENVERS LUI-MÊME COMME ÊTRE ANIMAL.

§ V.

Le premier devoir de l'homme envers lui-même en sa qualité d'être animal, quoiqu'il ne soit pas le plus important, est la *conservation de lui-même* dans la nature animale.

Le contraire de ce devoir est la *mort* volontaire ou préméditée, qui peut être ou totale ou

partielle. — La mort totale s'appelle *suicide* *
(*suicidium*). La mort partielle se subdivise en
matérielle, ce qui a lieu lorsqu'on se *prive* de
certaines *parties intégrantes*, comme d'organes, c'est-à-dire, quand on se *mutile;* et en *formelle*, lorsqu'on se prive (ou pour toujours,
ou seulement pour un temps) de l'*usage* de ses
facultés physiques (et par là indirectement de
sa faculté morale) : l'*abrutissement de soi-même*.

Comme il n'est ici question que des devoirs
négatifs, par conséquent d'omissions, les articles
des devoirs seront dirigés contre les *vices* opposés au devoir envers soi-même.

ARTICLE PREMIER.

§ VI. *Du suicide*.

Le *meurtre* volontaire de soi-même ne peut
être appelé *suicide* (*homicidium dolosum*)
qu'autant qu'on peut démontrer qu'il est en
général un crime, qui est commis ou simplement sur notre propre personne, ou en même
temps encore, et par conséquence, sur la
personne d'autrui (v. g. si une femme enceinte
se donne la mort).

* Αὐτοχειρία, suicide.

1° Le suicide est un crime. Il peut même être considéré comme transgression de son devoir à l'égard des autres hommes ; comme d'un époux envers son conjoint, des parents envers les enfants, d'un inférieur envers son supérieur ou ses concitoyens ; enfin même envers Dieu, l'homme fuyant ainsi sans sa permission le poste qu'il nous a assigné dans le monde. — Mais il n'est ici question que de la transgression du devoir envers soi-même, et de savoir si, mettant de côté toutes ces considérations, l'homme est néanmoins obligé de conserver sa vie par cela seul qu'il est une personne ; et s'il doit en cela reconnaître un devoir, même strict, envers lui-même.

Que l'homme puisse s'offenser lui-même, c'est ce qui semble absurde (*volenti non fit injuria*). C'est pourquoi le stoïcien considérait comme une prérogative de sa personnalité (de sage) de sortir tranquillement de la vie (comme d'une chambre pleine de fumée), sans y être forcé par aucun mal présent ou futur, sous prétexte qu'il ne pouvait plus être utile à rien dans la vie. — Mais ce même courage, cette force d'ame qui fait braver la mort en élevant à quelque chose que l'homme peut estimer plus que la vie, aurait dû être pour lui un argument encore beaucoup plus fort pour ne point se détruire ; lui, animé d'une puissance supérieure à tous les mobiles sensibles les plus puissants.

L'homme, tant qu'il s'agit de devoir, par conséquent tant qu'il vit, ne peut se défaire de la personnalité ; et il y a contradiction à supposer qu'il puisse s'affranchir de toute obligation, c'est-à-dire, agir si librement qu'il puisse soustraire ses actes à toute espèce de droit. Détruire dans sa propre personne le sujet de la moralité, c'est, autant qu'il est en soi, faire disparaître du monde la moralité même, quant à son existence ; moralité qui est cependant fin en elle-même : c'est par conséquent disposer de soi pour une fin arbitraire, c'est avilir l'homme dans sa personne (*homo noumenon*), qui cependant devait conserver l'homme (*homo phœnomenon*).

Se priver d'une partie intégrante, comme d'un organe (se mutiler), par exemple, donner ou vendre une de ses dents pour qu'elle soit replacée dans la mâchoire d'un autre, ou se faire pratiquer une opération secrète pour gagner plus commodément sa vie comme chanteur, etc. ; c'est commettre un suicide partiel. Mais il n'en est pas de même de l'amputation d'un membre gangrené, ou qui menace de le devenir, et qu'il est par conséquent dangereux de conserver. Ce n'est pas non plus un crime de suicide partiel que de se couper certaine partie du corps qui ne constitue point un organe, par exemple les cheveux, quoique ce dernier cas ne soit pas entièrement exempt de faute, si on le fait en vue d'un gain extérieur.

QUESTIONS CASUISTIQUES.

Y a-t-il suicide à se devouer, comme Curtius, à une mort certaine pour sauver la patrie?—Le martyre prémédité qu'inspire le dévouement pour le salut du genre humain en général, doit-il aussi être pris, comme le premier trait, pour une action héroïque?

Est-il permis de prévenir par le suicide une injuste condamnation à mort, quand même le souverain qui condamne permettrait de le faire (comme Néron à Sénèque)?

Peut-on faire un crime à un puissant monarque, mort depuis peu, de ce qu'il portait sur lui un poison violent, sans doute pour que, s'il venait à être pris dans la guerre, qu'il faisait personnellement, il ne fût pas forcé peut-être d'accepter sa rançon à des conditions trop onéreuses à son pays? car ce motif peut lui être prêté, pour ne pas être forcé de ne lui supposer en cela que de l'orgueil.

Un homme se sentant déjà de l'hydrophobie, par suite de la morsure d'un chien enragé, et sachant par sa propre expérience que personne n'en revient, se tue lui-même, afin que, comme il le dit dans un ecrit trouvé après sa mort, transporté de la rage (dont il sentait déjà les accès), il ne cause pas la perte d'autres hommes : on se demande s'il fait bien.

Celui qui se fait vacciner mettant sa vie en danger, quoiqu'il le fasse *pour se conserver la vie*, et se trouvant dans ce cas aussi visiblement opposé à la loi du devoir que le navigateur, qui du moins n'excite point la tempête à laquelle il s'expose, tandis que celui-là s'attire la maladie qui le met en danger de mort ; on demande si la vaccination est permise.

ARTICLE II.

§ VII. *De la souillure de soi-même par la volupté.*

De même que l'amour de la vie nous a été donné pour la conservation de notre *personne*, de même l'amour de l'autre sexe a été mis en nous pour la conservation de l'*espèce*. Chacun de ces amours est une *fin naturelle*, par laquelle on entend une liaison de la cause avec son effet ; mais une liaison telle que la cause est pensée sans qu'on lui attribue aucune intelligence tendant à son effet : ce n'est donc que par analogie avec une cause intelligente, à peu près par conséquent comme si elle produisait son effet avec intention. Or, il est question de savoir si l'usage de la faculté de conserver son espèce est soumis, quant à la personne même qui l'exerce, à une loi restrictive ; ou si cette personne, sans égard à la fin que se propose la nature, peut faire servir ses organes sexuels au seul plaisir animal, sans agir par là contre le devoir envers elle-même. — On prouve en droit que l'homme ne peut se servir de la personne d'*autrui* pour se procurer cette jouissance, sans une restriction particulière contractuelle, celle où deux personnes s'obligent mutuellement. Mais ici la question est de savoir si, par rapport à cette jouissance, il existe un devoir de l'homme envers lui-même dont la transgression soit une *violation* (non simplement une dégradation) de l'homme dans sa propre personne. L'appétit de ce plaisir s'appelle *plaisir charnel* (ou simplement volupté). Le vice qui l'engendre est l'*impureté*, et la vertu opposée à ces appétits animaux s'appelle *chasteté*. Elle doit se présenter ici comme faisant partie des devoirs de l'homme envers lui-même. La volupté est dite *contre nature* quand l'homme y est poussé non par un objet réel et actuel, mais par un objet que se crée sa propre imagination, et par conséquent contre sa fin ; car l'imagination produit alors un désir contraire à la fin de la nature, contraire même à une fin plus importante encore que celle de la vie pour la vie, parce que celle-ci ne regarde que la conservation de l'individu, tandis que l'autre a pour objet l'espèce entière.

Qu'un tel usage contre nature (par conséquent abusif) de ses organes sexuels soit une transgression du devoir envers *soi-même;* qu'il soit même très-contraire à la morale, c'est ce qui saute aux yeux de tout le monde, et donne une telle horreur de cette pensée, qu'il est immoral d'appeler ce vice par son nom propre ; ce qui n'a pas lieu pour le suicide, que nous n'hésitons pas du tout à présenter aux yeux de chacun dans toute sa laideur (*in specie facti*): comme si l'homme en général éprouvait de la honte de ce qu'en abusant ainsi de sa propre personne il se ravale au-dessous de la brute ; à tel point que même la cohabitation charnelle (qui n'a rien que d'animal en elle-même), permise entre les deux sexes dans le mariage, exige beaucoup de précautions dans une société honnête pour la couvrir d'un voile, quand on est obligé d'en parler.

Mais la preuve de l'inadmissibilité de cet usage contre nature des parties génitales, et même de l'illégitimité de leur usage simplement irrégulier, de leur usage contraire à leur fin, comme violation (et même, sous le premier point de vue, à un très-haut degré) du devoir envers soi-même, n'est pas si facile à faire. — Sans doute que la *raison de cette preuve* consiste en ce que l'homme abdique par là sa personnalité (d'une manière honteuse), puisqu'il se sert de lui-même pour satisfaire simplement un appétit animal. Mais le plus haut degré de la violation de l'humanité dans sa propre personne, par un tel vice, en ce qu'il a de contraire à la nature, n'est point encore expliqué, lorsqu'il semble, quant à sa forme (le sentiment de l'ame), surpasser le suicide : serait-ce que dans le suicide l'opiniâtreté à jeter la vie comme un fardeau n'est point un abandon efféminé aux inclinations animales ; mais exige au contraire un courage, où l'homme montre encore du respect pour l'humanité dans sa propre personne ; tandis que l'abus de soi-même qui consiste à se livrer lâchement à son inclination animale, fait de l'homme un instrument de jouissance, et par là même un objet contre nature, c'est-à-dire une chose *abominable*, au mépris de tout ce qu'il se doit à lui-même.

QUESTIONS CASUISTIQUES.

La fin de la nature dans la cohabitation des sexes est la propagation de l'espèce, c'est-à-dire la conservation du genre humain : il n'est donc pas permis d'agir contre cette fin. Mais est-il permis de se livrer à cet usage (même dans le mariage), *sans avoir égard à cette fin?*

Est-il permis de cohabiter, v. g., dans le temps de la grossesse? — si la femme est stérile (par suite de l'âge ou de maladie)? ou si elle ne se sent pas portée à l'acte conjugal? N'est-ce pas contraire à la fin de la nature, et par conséquent au devoir envers soi-même, de la part de l'un ou de l'autre des époux, de même que dans le plaisir contre nature? ou bien y a-t-il ici une loi facultative de la raison morale pratique, qui permette (comme de connivence), dans la collision de ses principes de détermination, quelque chose d'illicite en soi, pour prévenir cependant une transgression plus grave encore? — D'où peut-on compter la démarcation entre une obligation éloignée et le *purisme* (qui est une affectation ridicule dans l'accomplissement du devoir pour ce qui est d'obligation éloignée? et peut-on permettre une certaine latitude aux penchants animaux, avec péril de la transgression de la loi rationelle?

L'inclination pour l'autre sexe s'appelle aussi *amour* (dans la signification la plus restreinte): elle est en effet la plus grande volupté physique possible dans un objet. — Cet amour est non-seulement volupté *sensuelle*, comme dans les choses qui plaisent lorsqu'on y réfléchit (volupté dont la capacité s'appelle goût) ; mais encore le plaisir de *jouir* d'une autre personne ; plaisir qui appartient par conséquent à la *faculté appétitive*, et même à son plus haut degré, à la passion en un mot. Mais cette inclination ne peut être rapportée ni à l'amour de son propre bien-être, ni à celui de la bienveillance (car tous deux s'éloignent de la jouissance charnelle) ; mais c'est un plaisir d'une espèce particulière ; et l'ardeur de l'amour n'a proprement rien de commun avec l'amour moral, quoiqu'il puisse s'y rattacher par le lien le plus étroit, si la raison pratique y ajoute ses conditions restrictives.

ARTICLE III.

§ VIII. *De l'abrutissement occasionné par l'usage immodéré des aliments.*

Le vice, dans cette espèce d'intempérance, ne se juge point par les pertes ou les douleurs corporelles, ni même par les maladies que l'homme contracte par suite de ses excès ; car alors ce serait un principe de santé et d'agrément (par conséquent de bonheur), suivant lequel on ne devrait rencontrer jamais ce qui peut constituer le devoir, mais seulement une règle de prudence : ce ne serait pas du moins le principe d'un devoir direct.

L'intempérance animale dans la jouissance des aliments, est l'abus que commettent les hommes trop adonnés à la boisson, abus qui entrave et épuise leur faculté intellectuelle. L'*ivrognerie* et la *gourmandise* sont les vices dont il est ici question. Dans l'état d'ivresse l'homme semble ne devoir être traité que comme une brute et non comme un homme. En se gorgeant de nourriture et de boisson, il devient incapable de se servir pour quelque temps de ses forces dans les actions qui requièrent de la promptitude et de la réflexion. — Il est évident que l'on pèche envers soi-même en se mettant dans un pareil état. Le premier de ces deux états d'abjection, qui met l'homme au-dessous de la brute, est l'effet ordinaire des boissons fermentées, ou d'autres drogues qui ont la propriété d'étourdir l'homme et de l'engourdir, comme l'opium et d'autres principes végétaux. L'homme en fait usage d'autant plus volontiers, qu'il leur attribue la prétendue propriété de le rendre un instant heureux, en le délivrant de ses soucis; tandis qu'elles ne font que l'attrister et l'abrutir; d'où vient, ce qui pis est, la nécessité de recourir à ce remède engourdissant et d'en augmenter la dose. La gourmandise, une fois au-dessous de la jouissance animale sensible; devient un état passif pur, sans même exciter l'imagination ; faculté cependant susceptible encore d'un jeu de représentations *actif* dans la jouissance animale précédente ; et dès lors elle approche plus aussi de la jouissance brutale.

QUESTIONS CASUISTIQUES.

Ne peut-on pas accorder pour le vin, sinon à titre de panégyriste, du moins à titre d'apologiste, un usage voisin de l'ivresse, attendu qu'il anime les convives à parler, et rapproche ainsi les esprits et les cœurs ? — Ou doit-on seulement reconnaître au vin le mérite d'opérer ce que Sénèque loue dans Caton, *virtus ejus incaluit mero?* — Mais qui peut déterminer une *mesure* à celui qui est sur le point de passer à un état tel que ses yeux ne peuvent plus rien *mesurer*, et qui est même dans la disposition de passer outre? L'usage de l'opium et de l'eau-de-vie, comme moyen de jouissance, est voisin de l'abrutissement, puisque, outre un prétendu bien-être qu'on attribue à ces excitants, ils rendent les hommes muets, taciturnes, incommunicatifs : ils ne doivent donc être permis qu'à titre de remède.—Le mahométisme, qui défend absolument le vin, a par conséquent très-mal agi de permettre l'opium.

Par compensasion, le banquet, comme invitation solennelle à la double intempérance dont nous parlons, présente cependant, outre l'agrément simplement physique, quelque chose qui tend à une fin morale, savoir, qu'un grand nombre d'hommes se trouvent long-temps ensemble pour communiquer entre eux réciproquement : mais néanmoins, comme la multitude même (si, comme le dit Chesterfield, elle surpasse le nombre des muses), ne permet qu'une communication imparfaite (avec les plus proches voisins) ; comme, par conséquent, les dispositions vont contre la fin, la réunion reste toujours un entraînement à l'immoralité, je veux dire à l'intempérance et à la transgression du devoir envers soi-même, sans même tenir compte des incommodités physiques résultant des excès de table, et auxquelles les medecins pourront peut-être remédier. Jusqu'où s'étend donc le droit moral de céder à ces invitations à l'intempérance ?

CHAPITRE II.

DEVOIR DE L'HOMME ENVERS LUI-MÊME, COMME ÊTRE MORAL SEULEMENT.

Ce devoir est opposé aux vices de *mensonge*, d'*avarice* et de *fausse modestie* (basse flatterie).

ARTICLE Ier.

§ IX. *Du Mensonge.*

La plus grande transgression du devoir de l'homme envers lui-même considéré simplement comme être moral, envers l'humanité dans sa personne, est le manquement à la vérité, le *mensonge (aliud linguâ promptum, aliud pectore inclusum gerere)*. On voit évidemment que toute fausseté dans l'expression de ses pensées, bien qu'elle ne prenne en droit la dénomination rigoureuse de mensonge que lorsqu'elle blesse les droits d'autrui, ne peut l'éviter dans la morale, qui ne perd point son autorité par l'absence de la lésion : car le déshonneur (qui consiste à être l'objet de la déconsidération morale), accompagne le mensonge, et ne quitte pas plus le menteur que l'ombre ne quitte le corps. — Le mensonge peut être ou externe (*mendacium externum*), ou interne. Par le premier, l'homme se rend méprisable aux yeux des autres; par le second, ce qui est encore pis, il s'avilit à ses propres yeux, et dégrade la dignité humaine dans sa propre personne. Il ne s'agit pas ici de la perte qu'un autre homme peut en éprouver, puisque ce n'est pas là le caractère du vice (qui consisterait alors dans la simple transgression du devoir envers autrui); non plus du préjudice que le menteur se porte à lui-même, puisqu'alors le mensonge, comme opposé à la prudence, ne contredirait point la morale, et ne pourrait être considéré comme transgression du devoir. — Le mensonge est l'avilissement et en quelque sorte l'anéantissement de la dignité d'homme. Un homme qui ne croit pas ce qu'il dit à un autre (ne serait-ce qu'une personne idéale), a moins de valeur que n'en aurait une simple chose, car on peut faire usage des qualités de cette chose pour en retirer quelque profit, parce qu'elle est réelle et donnée; mais la communication de ses pensées à quelqu'un par des mots qui contiennent à dessein le contraire de ce que pense celui qui parle, est une fin complètement opposée à la forme finale naturelle de la faculté de communiquer ses pensées, par conséquent une abdication de sa personnalité, en quoi le menteur est moins un homme véritable qu'une apparence trompeuse d'homme. — La *véracité* dans la manifestation de ses pensées s'appelle aussi *fidèle ;* et si ces pensées sont en même temps des promesses, elle s'appelle aussi *probité,* mais en général *bonne foi.*

Le mensonge (dans la signification morale du mot), comme fausseté intentionnelle en général, n'a pas besoin d'être *nuisible* aux autres pour être blâmable ; car alors il serait une violation du droit d'autrui. Il peut n'être aussi que l'effet de la légèreté ou d'un bon naturel ; on peut même se proposer par là une bonne fin : cependant la manière dont on le recherche, par simple forme, est un délit de l'homme contre sa propre personne, et une indignité qui doit rendre l'homme méprisable à ses propres yeux.

La réalité d'un grand nombre de mensonges *internes* dont les hommes se rendent coupables peut être facilement prouvée ; mais il semble plus difficile d'en expliquer la possibilité, parce qu'une seconde personne, qu'on a l'intention de tromper, semble nécessaire à cet effet ; mais il semble contradictoire de se tromper soi-même de propos délibéré.

L'homme, comme être moral (*homo noumenon*), ne peut se servir de lui-même en tant qu'être physique (*homo phænomenon*) comme d'un instrument qui ne serait point assujetti au but interne de la communication des pensées; mais, sous ce second point de vue, il se trouve soumis à la condition de l'accord avec l'homme intérieur dans la manifestation de la pensée, et par conséquent obligé à la véracité envers lui-même. — Ainsi l'homme moral abuse de l'homme physique, si, v. g., il ment dans l'affirmation d'une croyance à un juge futur du monde, tandis qu'il ne trouve point en lui cette foi, mais parce qu'il se persuade n'avoir rien à perdre, avoir au contraire à gagner en la professant au scrutateur des cœurs pour se le rendre favorable en tous cas : ou si, sans en douter, il se flatte de l'observance interne de la loi, quand au contraire il ne sent en lui d'autre motif que la crainte des châtiments.

La non-pureté est simplement un défaut de *délicatesse dans la conscience*, c'est-à-dire un défaut de pureté dans l'aveu fait en présence de son juge *interne*, qu'on regarde comme une autre personne : à la rigueur, il y a déjà non-pureté si, v. g., un désir formé par amour de soi est pris pour le fait désiré, parce qu'il a pour objet une fin bonne en elle-même; et cette illusion de conscience quoique contraire au devoir de l'homme envers lui-même, prend ici le nom de faiblesse, de la même manière que le vœu d'un amant de ne trouver dans son amante que des vertus, fait disparaître à ses yeux des défauts palpables. — Cependant cette illusion raisonnée dont on se rend coupable envers soi-même est très-blâmable, puisque de ce germe vicieux (de la fausseté, qui semble avoir ses racines dans le cœur humain), la non-véracité se glisse dans les relations avec les autres hommes, dès qu'une fois le principe de la véracité est perdu.

OBSERVATION.

Il est à remarquer que l'Écriture sainte date le premier crime par lequel le mal a fait son entrée dans le monde, non du *fratricide* (de Caïn), mais du premier *mensonge*, (parce que la nature en est révoltée); aussi appelle-t-elle l'auteur de tout mal, menteur dès le commencement et père du mensonge, encore que la raison ne puisse remonter plus haut vers la cause de ce penchant de l'homme à la *simulation* (esprit de fourberie), penchant qui cependant doit avoir précédé le mensonge. La raison en est qu'un acte de la liberté ne peut être déduit ni expliqué (comme un effet physique) suivant la loi naturelle qui lie les effets aux causes, toutes choses qui sont sensibles.

QUESTIONS CASUISTIQUES.

La fausseté par pure politesse (par exemple le *très-dévoué serviteur* à la fin d'une lettre) doit-elle être réputée mensonge? Personne ne s'y trompe. — Un auteur demande à son lecteur : Que pensez-vous de mon ouvrage? Une réponse évasive pourrait bien être donnée pour se moquer adroitement de la mauvaise foi d'une pareille question : mais qui a toujours l'esprit présent? Pour peu que la réponse se fasse attendre, l'auteur est offensé.... Faut-il donc lui faire des compliments?

Si je mens dans des affaires où il s'agit d'intérêt, dois-je répondre de toutes les conséquences qui découlent de mon mensonge? Par exemple, un maître a ordonné que si un certain homme le demandait, son domestique répondît qu'il n'est pas à la maison. Le domestique fait ce qu'on lui a dit; mais il est cause par là que son maître s'échappe, et commet un grand crime, ce qui n'aurait pas eu lieu s'il avait été saisi par la force armée envoyée pour l'appréhender. Sur qui, dans ce cas, retombe la faute, suivant les principes de la morale ? Sans aucun doute sur le serviteur qui a transgressé dans ce cas par le mensonge le devoir envers lui-même : la conscience le rend donc responsable des suites de la faute.

ARTICLE II.

§ X. *De l'Avarice.*

Je n'entends pas ici par ce mot l'*avarice cupide* (la propension à étendre ses facultés pécuniaires au-delà des bornes du véritable besoin, pour vivre plus largement) ; car cette avarice peut être considérée comme simple transgression de son devoir (de la bienfaisance) envers autrui : mais l'*avarice mesquine* et parcimonieuse, qui, si elle est honteuse, s'appelle avarice *sordide* ou ladrerie ; non pas en tant seulement qu'elle consiste dans la négligence du devoir de charité, mais en tant qu'elle met une restriction à la jouissance *propre* des moyens de vivre commodément, en satisfaisant aux premiers besoins ; sens dans lequel elle est contraire au devoir *envers soi-même.*

En blâmant ce vice, on peut produire un exemple du peu de justesse de toutes les définitions de la vertu et du vice par le simple *degré*, et faire voir clairement en même temps l'inutilité du principe d'Aristote, que la vertu tient le milieu entre deux vices.

Si, v. g., je faisais consister l'*économie* dans le juste milieu entre la prodigalité et l'avarice, elle devrait *être* le milieu d'un *degré :* un vice ne passerait ainsi à un vice opposé que par la *vertu*, qui ne serait qu'un vice diminué, ou plutôt un vice qui s'évanouit ; et il s'ensuivrait, dans le cas actuel, que le véritable devoir moral serait de ne faire aucun usage de tout moyen de vivre agréablement.

Ce n'est pas la *mesure* de la pratique des règles morales, mais leur *principe* objectif qui doit être reconnu et proposé comme différent, si l'on veut distinguer le vice de la vertu. — La *règle* de l'*avarice cupide* (comme de la prodigalité) est d'acquérir tous les moyens de vivre commodément *dans le dessein d'en jouir.* — La règle de l'avarice *parcimonieuse* est, au contraire, l'acquisition, dans la vue de conserver tous les moyens de vivre convenablement ; en quoi l'on se fait la simple *possession* pour fin, en s'interdisant la *jouissance.*

Le signe de cette dernière espèce de vice est le principe de la possession des moyens pour différentes fins, avec la restriction néanmoins de ne vouloir s'en appliquer aucune, et de se priver ainsi d'une douce jouissance de la vie ; ce qui est contraire au devoir envers soi-même par rapport à la fin. La prodigalité et l'avarice ne diffèrent donc pas par le degré, mais par l'espèce et par des maximes opposées*.

---

* La maxime Rien de trop, rien de peu, n'a pas de sens, car elle est tautologique. Qu'est-ce que trop faire? *R.* Plus qu'il ne convient. -- Qu'est-ce que faire trop peu? *R.* Moins qu'il ne convient. -- Que veut dire, Je *dois* (faire ou omettre quelque chose)? *R.* Qu'il n'est pas bon, qu'il est contre le devoir de faire *plus* ou *moins* qu'il ne convient. Si c'est là la sagesse pour la recherche de laquelle nous devons recourir aux anciens (à Aristote), comme à ceux qui étaient plus près de sa source, nous avons mal choisi en nous adressant à leur oracle. - Il n'y a pas de milieu entre la vérité et le mensonge (comme opposés contradictoires); mais bien entre la franchise et la dissimulation (comme opposés contraires), lorsque celui qui parle ne dit *rien que* de *vrai*, mais ne dit pas *tout* le vrai. Or, il est cependant tout naturel de demander au moraliste qu'il m'enseigne ce milieu. Mais il ne le peut pas; car ces deux devoirs moraux ont une grande latitude d'application, et ce qui est à faire ne peut se reconnaître que par le jugement, suivant les règles de la prudence, et non suivant celles de la moralité; c'est-à-dire, non comme un devoir pratique stricte (*officium strictum*), mais seulement comme un devoir large (*officium latum*). Par conséquent, celui qui suit les principes de la vertu peut pécher dans leur observation contre la prudence, en plus ou en moins, mais il ne peut commettre le vice en s'attachant fortement à ces *principes* ; et ce vers d'Horace :

Insani sapiens, etc.,

pris à la lettre, est très-faux. *Sapiens* ne signifie ici qu'un homme *prudent*, qui ne rêve pas une perfection morale, laquelle, comme idéale, exige qu'on en approche, mais non pas qu'on l'atteigne, ce qui surpasse les forces humaines, et met la folie en principe. Car parler d'un *amour trop ardent de la vertu*, c'est-à-dire du trop d'attachement au devoir, serait à peu près dire qu'un cercle peut-être trop rond, et une ligne trop droite.

QUESTIONS CASUISTIQUES.

Comme il n'est ici question que des devoirs envers soi-même, et que la cupidité (désir insatiable d'acquérir pour dépenser), de même que l'avarice sordide (crainte de la dépense), ont l'*égoïsme* (*solipsismus*) pour principe; et que l'une et l'autre, la prodigalité et l'avarice, ne semblent blâmables que parce qu'elles conduisent à l'indigence; dans le premier cas, à une indigence inattendue, dans le second à une indigence volontaire (l'intention de vivre misérablement), — on demande : si l'une comme l'autre ne mériterait pas plutôt le nom d'imprudence que celui de vice, et si par conséquent elles ne sont pas hors des limites du devoir envers soi-même. Mais l'avarice n'est pas seulement une parcimonie mal entendue, mais une soumission servile de soi-même à la fortune, pour s'en laisser maîtriser; ce qui est une transgression du devoir envers soi-même. Elle est opposée à la *libéralité morale* de la façon de penser en général (non à la générosité, *liberalitas sumptuosa*, qui n'est que l'application de la libéralité morale à un cas particulier), c'est-à-dire qu'elle est opposée au principe de l'indépendance de toute chose excepté de la loi morale : elle est donc un larcin dont l'homme se rend coupable envers lui-même. Mais qu'est-ce qu'une loi que le législateur intérieur lui-même ne sait où appliquer? Dois-je retrancher à ma dépense de table ou à mes dépenses extérieures, dans la jeunesse ou dans la vieillesse? ou l'économie est-elle en général une vertu?

ARTICLE III.

§ XI. *De la basse adulation.*

L'homme dans le système de la nature (*homo phænomenon*, *animal rationale*) est un être de peu de valeur, et peut s'évaluer comme le reste des animaux et les produits de la terre (*pretium vulgare*). Par cela même qu'il s'élève au-dessus des brutes par son intelligence, et qu'il peut se proposer une fin, il reçoit cependant une valeur *extrinsèque* d'utilité (*pretium usûs*), c'est-à-dire un *prix* tel que celui d'une marchandise, savoir, la valeur relative d'un homme en comparaison d'un autre, tel que dans le commerce qu'on fait des hommes mêmes, comme choses, et dans lequel il a néanmoins une valeur inférieure au moyen général d'échange, à l'argent, dont la valeur est pour cette raison appelée régulatrice (*pretium eminens*).

Mais l'homme considéré comme *personne*

c'est-à-dire, comme sujet d'une raison moralement pratique, est au-dessus de tout prix; car comme tel (*homo noumenon*), il ne doit pas seulement être estimé comme moyen pour les fins des autres, ni même pour les siennes propres, mais comme fin lui-même, c'est-à-dire qu'il est revêtu d'une *dignité* (d'une valeur interne absolue) au nom de laquelle il force toutes les autres créatures raisonnables de lui accorder leur *estime*, dignité qui lui permet de se comparer avec tout autre individu de son espèce, et de s'estimer son égal.

L'humanité, dans sa personne, est l'objet du respect qu'il peut exiger de tout autre homme, mais dont il ne peut non plus se priver. Il peut et doit donc s'estimer suivant une unité de mesure tout-à-la-fois petite et grande, selon qu'il se considère comme être sensible (quant à sa nature animale), ou comme être intelligent (quant à sa nature morale). Mais comme il ne doit pas se considérer simplement comme personne en général, mais aussi comme homme, c'est-à-dire comme une personne qui a envers elle-même des devoirs que lui impose sa propre raison; sa bassesse comme *homme-animal* ne peut préjudicier à la conscience de sa dignité comme *homme-raisonnable*; et il ne doit pas répudier sa valeur morale, en considération de cette animalité; c'est-à-dire, qu'il doit poursuivre sa fin, qui est dans le devoir en lui-même, non bassement ni servilement, comme pour s'attirer une faveur, mais toujours avec le sentiment de l'excellence de ses éléments moraux; et cette *estime de soi-même* est un devoir de l'homme envers lui-même.

La conscience et le sentiment de la vilité de son prix moral, *en comparaison de la loi*, est l'*humilité* morale (*humilitas moralis*). La persuasion de la grandeur de ce prix, mais seulement sans se comparer à la loi, peut s'appeler *orgueil de la vertu* (*arrogantia moralis*). — Renoncer à prétendre à une valeur morale personnelle, dans la persuasion de se donner par là une valeur empruntée, c'est *fausse humilité* morale (*humilitas moralis spuria*), ou *hypocrisie d'esprit*.

L'humilité, comme mépris de soi-même *dans la comparaison avec les autres hommes* (en général même avec tout être fini, serait-ce un séraphin), n'est pas un devoir : dans cette comparaison, le désir actif de s'égaler aux autres ou de les surpasser, avec la persuasion de se donner par là une plus grande valeur interne, constitue particulièrement l'*ambition*, qui est directement contraire au devoir envers autrui. Mais le rabaissement de sa propre valeur morale (l'hypocrisie et la flatterie*), imaginé comme un moyen de s'attirer les bonnes grâces de quelqu'un (de qui que ce soit), est la fausse modestie; elle est opposée au devoir envers soi-même, comme mépris de sa personnalité.

D'une franche et suffisante comparaison de soi-même avec la loi morale (avec sa sainteté et sa sévérité), doit résulter infailliblement la véritable humilité : mais de ce que nous sommes susceptibles d'une législation intérieure telle que l'homme (physique) se sent forcé de respecter l'homme (moral) dans sa propre personne, il a en même temps le sentiment de son *élévation* et de la haute estime de lui-même, comme sentiment de sa valeur intrinsèque (*valor*), qui le met au-dessus de tout prix (*pretium*); et le sentiment d'une dignité inaccessible (*dignitas interna*), qui lui donne du respect (*reverentia*) pour lui-même.

§ XII.

On peut rendre plus ou moins sensible ce

---

* *Heucheln*, faire l'hypocrite (proprement *hœuchlen*, respirer d'une haleine entrecoupée), semble dériver de faire des ha! ha! (*œchzenden*), parler par soupirs entrecoupés; tandis que *Schmeichlen*, flatter, flagorner, semble dériver de *Schmiegen*, plier, biaiser, faire le chien couchant, ce qui, comme habitude, a été appelé *Schmiegeln*, et enfin du haut allemand *Schmeicheln*.

devoir par rapport à la dignité de l'homme en nous, par conséquent envers nous-mêmes, par les prescrits suivants.

Ne soyez point esclave des hommes ; — ne souffrez pas que vos droits soient impunément foulés ; — ne contractez aucune obligation que vous ne veuilliez pas remplir ; — n'acceptez point des bienfaits dont vous pouvez vous passer ; ne soyez ni parasites, ni flatteurs, ni mendiants (qui ne diffèrent des précédents *qu'en degré*). Soyez donc frugals, crainte d'être un jour réduits à la misère. — Les plaintes et les lamentations, même un simple cri, dans la douleur corporelle, sont indignes de vous, surtout si vous avez la conscience de l'avoir méritée. De là, un coupable ennoblit sa mort, en efface du moins la honte, par la fermeté qu'il montre en mourant. — L'adoration même des choses célestes par la prosternation jusqu'à terre, leur invocation dans des images sensibles, sont contraires à la dignité de l'homme ; car alors vous les réduisez non à l'*idéal* que vous en fait votre raison, mais à l'*idole*, qui est votre propre ouvrage.

QUESTIONS CASUISTIQUES.

Le sentiment de la sublime destinée, c'est-à-dire, l'*élévation d'ame* comme estime de soi-même, n'est-il pas dans l'homme trop voisin de la *présomption* (*arrogantia*), qui est drécisement l'opposé de la véritable *humilité* (*humilitas moralis*), pour qu'il soit convenable de l'exciter, même dans la comparaison avec les autres hommes, et non simplement avec la loi ? ou bien cette espèce d'abnégation de soi-même n'augmenterait-elle pas plutôt la bonne opinion que nous avons des autres jusqu'au mépris de nous-mêmes, et ne serait-elle pas ainsi contraire au devoir (*de respect*) envers notre propre personne ? Il semble toujours indigne de l'homme de s'incliner et de s'humilier en face d'un autre homme.

La meilleure marque de respect dans les paroles et les manières, même à l'égard d'un homme sans autorité dans l'État ; — les révérences, les compliments, les phrases de cour indiquant avec une précision minutieuse les nuances des titres, des emplois, jargon qui n'a rien de commun avec la politesse (nécessaire même entre égaux), — le Toi, le Lui, le Vous, et l'Elle, ou la Révérence, la Grandeur, le Très-noble, Très-illustre (et que sais-je encore?) dans une harangue, — formules que la pédanterie allemande emploie plus qu'aucun peuple du monde (s'il faut en excepter les castes indiennes), ne sont-ils pas la preuve d'un extrême penchant à la servilité parmi les hommes? (*hœ nugœ in seria ducunt*). Mais celui qui se fait ainsi ver, a-t-il le droit de se plaindre ensuite qu'on l'écrase?

CHAPITRE III.

SECTION PREMIÈRE.

DEVOIRS DE L'HOMME ENVERS LUI, COMME JUGE-NÉ DE LUI-MÊME.

§ XIII.

Tout concept de devoir emporte la contrainte objective au nom de la loi (comme impératif moral limitant notre liberté), et appartient à l'intelligence pratique, qui donne la règle : mais l'imputation interne d'un fait comme d'un événement soumis à la loi (*in meritum aut demeritum*), appartient au *jugement*, qui, comme principe subjectif de l'imputation de l'action, juge valablement si, comme fait (action soumise à la loi), elle est ou non arrivée ; après quoi vient la conclusion de la *raison* (la sentence), c'est-à-dire, l'union de l'effet juridique avec l'action (la condamnation ou l'absolution) ; toutes choses qui se font en présence du *jugement*, comme en présence d'une personne morale donnant à la loi son effet, et qu'on appelle for intérieur. — La conscience du for intérieur dans l'homme (« en présence duquel les pensées s'accusent ou s'excusent mutuellement ») est la conscience morale.

Tout homme a une conscience, et se trouve observé par un juge intérieur, menacé et en général contenu (par la crainte jointe au respect), et cette puissance protectrice de la loi en lui n'est point quelque chose qu'il *fait* lui-même (volontairement), mais d'inhérent à son être ; elle l'accompagne comme son ombre, s'il pense à s'échapper. Il peut à la vérité s'étourdir ou s'assoupir par les plaisirs et les affaires ; mais il ne peut jamais éviter de revenir à lui-même ni de s'éveiller aussitôt qu'il en entend la voix terrible. Dans sa profonde abjection, il peut bien en venir au point de ne plus s'en inquiéter, mais il ne peut jamais s'empêcher de l'*entendre*.

Ce fondement primitif intellectuel, et moral (puisqu'il représente le devoir), que l'on appelle *conscience*, a cela de particulier, que quoique son affaire soit celle de l'homme avec lui-même, celui-ci se sent néanmoins forcé par sa raison de la suivre comme par ordre de *quelqu'autre personne*. Car le procès est ici l'action de *droit* (*causa*) en jugement.

Mais qu'*accusé* par sa conscience, il soit représenté comme ne faisant qu'*une seule et même personne* avec le juge, c'est une manière absurde de se représenter un tribunal ; car alors l'accusateur perdrait toujours sa cause. — Par conséquent, la conscience de l'homme devra penser dans tout devoir un *autre* juge de ses actions que lui-même, si elle ne veut pas tomber en contradiction avec elle-même. Maintenant, cet autre juge que la raison se fait à elle-même doit être une personne ou réelle ou simplement idéale*.

* La double personnalité dans laquelle l'homme qui s'accuse et se juge lui-même doit être imaginé ; et ce double lui-même, forcé, d'un côté, à comparaître tout tremblant à la barre d'un tribunal, où, d'un autre côté, il siége comme juge en vertu d'une autorité innée, a besoin d'explication pour éviter une contradiction de la raison avec elle-même. — Moi, accusateur et accusé tout à la fois, je suis le même *homme* (numero idem); mais l'homme, comme sujet de la législation morale dérivant du concept de liberté, législation dans laquelle il est soumis à la loi qu'il se donne à lui-même (*homo noumenon*), doit être considéré comme un autre que l'homme phénomène doué de raison (différent par l'apparence), mais seulement sous le rapport pratique, — car il n'y a rien de théorique dans la relation causale de l'intellectuel au sensible ; et cette différence spécifique est celle des facultés de l'homme (de la faculté supérieure

Il doit y avoir une telle personne idéale (juge tout-puissant de la conscience), qui scrute les cœurs ; car il y a un tribunal élevé dans *l'intérieur* de l'homme. — Mais en même temps cette personne doit *obliger tout le monde*, c'est-à-dire être telle, ou être pensée telle, que par rapport à elle tous les devoirs en général puissent être considérés comme ses ordres. — Or, comme un tel être moral doit avoir en même temps toute puissance (dans le ciel et sur la terre), parce qu'autrement il ne pourrait (ce qui cependant fait nécessairement partie de ses attributions de juge) donner à ses lois l'efficacité qui leur convient, cet être moral ayant puissance ne peut être que *Dieu :* la conscience devra donc être regardée comme principe subjectif du compte à rendre de ses propres actions devant Dieu ; et même ce dernier concept sera toujours contenu (quoique obscurément) dans toute conscience morale.

Ce qui ne veut pas dire que l'homme , par

---

et de l'inférieure) qui le caractérisent. La première accuse, la seconde défend l'accusé. La cause instruite, le juge intene, comme personne *ayant pouvoir*, porte la sentence sur le bonheur ou le malheur, conséquences morales du fait ; sentence dans laquelle nous ne pouvons suivre plus loin par la raison la puissance de ce juge interne (parce que c'est celle du maître du monde); mais nous pouvons seulement respecter le *jubeo* ou le *veto* absolu.

l'idée à laquelle le conduit nécessairement sa conscience, ait le droit, et moins encore qu'il soit *obligé*, d'*admettre* comme *réel* un tel être suprême hors de lui ; car cette idée ne lui est pas donnée *objectivement* par la raison théorique, mais simplement *subjectivement* par la raison pratique, s'obligeant à agir conformément à elle-même ; et l'homme, par le moyen de cette idée, mais *seulement par analogie* avec un législateur de tous les êtres cosmiques raisonnables, est conduit à se représenter la probité (qu'on appelle aussi religion) comme responsabilité en présence d'un être différent de nous, mais qui nous est intimement présent (la raison morale législative), et à se soumettre à sa volonté comme à la règle de la justice. Le concept de religion en général n'est ici pour l'homme « qu'un principe de discernement de tous ses « devoirs comme préceptes divins. »

1° Dans une affaire de conscience (*causa conscientiam tangens*), l'homme pense à une conscience *préavertissante* (*præmonens*), avant de se décider. Alors, s'il s'agit d'un concept de devoir (de quelque chose de moral en soi), et dans les cas où la conscience est seule juge (*casibus conscientiæ*), le *scrupule* le plus délicat ne procédera pas par menus détails (suivant une casuistique micrologique); ne prendra pas non plus une véritable transgression pour une peccadille : mais il pourra (suivant le principe *minima non curat prætor*), renvoyer à un conseiller de conscience minutieux jusqu'aux infiniment petits, le soin de décider arbitrairement. Dire à quelqu'un qu'il a une conscience *large*, c'est donc dire qu'il n'*a point de conscience*.

2° Si le fait est résolu, l'*accusateur* se présente aussitôt à la conscience, mais avec lui le *défenseur;* là, le procès doit se décider, non pas à l'amiable, mais suivant toute la rigueur du droit.

3° La sentence de la conscience sur l'homme, qu'elle absolve ou qu'elle condamne, met fin au litige; en quoi il faut remarquer que la sentence absolutoire ne peut jamais décerner une *récompense*, comme profit à l'occasion d'un fait à venir, mais elle contient seulement la *satisfaction* d'avoir échappé au péril d'être trouvé coupable. Par conséquent, le bonheur d'une conscience tranquille n'est point *positif* (comme joie), mais *négatif* (comme le repos après une inquiétude). Un bonheur, tel que celui de la vertu, ne peut être attribué qu'à la vertu, comme prix d'un combat contre les influences du mauvais principe dans l'homme.

SECTION II.

DU PREMIER DE TOUS LES DEVOIRS ENVERS SOI-MÊME.

§ XIV.

Il est ainsi conçu : *Connais* (cherche, sonde) *toi toi-même ;* non pas quant à ta perfection physique (la capacité ou l'incapacité pour certaines fins volontaires ou même commandées), mais interroge ton cœur quant à sa perfection morale, par rapport à ton devoir. — Demande-toi s'il est bon ou mauvais ; si les principes de tes actions sont purs ou impurs, et ce que tu peux lui imputer, soit comme appartenant originellement à la *substance* de l'homme, soit comme dérivé (acquis ou contracté) ; et qu'est-ce qui doit appartenir à ton *état* moral.

L'examen de soi-même, qui cherche à pénétrer les profondeurs de l'ame, si difficiles à connaître, ou l'abîme du cœur, est le principe de toute sagesse humaine ; car cette sagesse, qui consiste dans l'accord de la volonté d'un être avec sa fin, exige dans l'homme, d'abord de se débarrasser des obstacles intérieurs (d'une mauvaise volonté inhérente à lui), et de dégager ensuite les principes originels d'une bonne volonté, qui ne doivent jamais s'effacer de son ame. Il n'y a que la descente dans l'enfer de soi-même qui fraie le chemin à l'apothéose.

§ XV.

Cette connaissance morale de soi-même bannira d'abord le mépris *fanatique* de soi, comme homme, ou de l'humanité en général ; car ce mépris est contradictoire. — Il n'y a, en effet, que les excellents éléments du bien en nous, auxquels l'homme doit tout le respect qu'il mérite, qui puissent faire juger que l'homme (mais cet homme lui-même, et non l'humanité en lui) qui agit contre ces élements est méprisable. — Mais ensuite cette connaissance résiste aussi à l'estime *déréglée* de soi-même, qui fait que les simples désirs, à proportion qu'ils sont plus ardents, quoique cependant dépourvus de faits comme conséquences, et restant simples désirs, passent néanmoins pour une preuve d'un bon cœur. La prière n'est non plus qu'un désir intérieur mis sous les yeux du scrutateur des cœurs. L'impartialité dans le jugement de nous-mêmes en comparaison avec la loi, et la sincérité dans l'aveu de notre valeur ou non-valeur interne, sont aussi des devoirs réfléchis, qui découlent immédiatement de ce premier précepte de se connaître soi-même.

SECTION ÉPISODIQUE.

*De l'*AMPHIBOLIE * *des concepts moraux de* RÉFLEXION : *que ce qui est devoir de l'homme envers lui-même doit l'être envers les autres.*

§ XVI.

En ne jugeant que d'après la simple raison, l'homme n'aurait de devoir qu'envers l'homme (lui-même ou un autre); car son devoir envers qui que ce soit est la contrainte morale par la volonté de l'obligeant. Le sujet contraignant (obligeant) doit donc être *d'abord* une personne; *secondement*, cette personne doit être donnée comme objet de l'expérience, parce que l'homme doit envisager la fin de sa volonté en agissant ; ce qui ne peut avoir lieu que dans le rapport de deux êtres existants, car un simple être de raison ne peut être cause d'aucun événement, quant aux fins. Mais nous ne connaissons maintenant, avec toute notre expérience, aucun être capable d'obligation (active ou passive) que l'homme seul; par conséquent l'homme ne peut avoir de devoirs qu'envers l'homme ; quoi-

---

* Ἀʹμριβολία, ambiguité.

qu'il s'en représente d'autres, ce ne peut être que par un effet de l'*amphibolie des idées de réflexion*, et son prétendu devoir envers d'autres êtres n'est simplement qu'un devoir envers lui-même. Ce qui le conduit à cette erreur, c'est qu'il confond son devoir par *rapport* aux autres hommes avec un devoir *envers* ces êtres.

Or, ce prétendu devoir peut se rapporter à des objets *dépourvus de personnalité*, ou bien à des personnes mêmes, mais absolument *inaccessibles aux sens*. — Les premiers (*en dehors de l'humanité*), peuvent être considérés ou comme simple matière de la nature ; ou comme partie de la nature organisée pour la propagation, mais dépourvue de sens ; ou bien encore douée de sentiment et de volonté (les minéraux, les plantes, les animaux) : les seconds (*surhumains*), peuvent être des esprits purs (des génies, des dieux). — Il s'agit maintenant de savoir si entre ces deux espèces d'êtres et l'homme, il y a un rapport de devoir, et quel est ce devoir.

§ XVII.

Par rapport *au beau*, quoique privé de vie dans la nature, l'inclination à le détruire pour le détruire (*spiritus destructionis*) est contraire au devoir de l'homme envers lui-même, parce qu'il affaiblit ou éteint dans l'homme ce sentiment qui, à la vérité, n'est pas moral par lui-même, mais qui du moins prépare le bon accord de la sensibilité avec la morale ; savoir, le plaisir d'aimer aussi quelque chose sans but d'utilité, par exemple de trouver un plaisir désintéressé dans une belle cristallisation, dans la beauté indéfinissable du règne végétal.

Quant à la partie vivante de la création qui est dépourvue de raison, il faut dire que le traitement violent et cruel qu'on fait subir aux bêtes est grandement contraire au devoir de l'homme envers lui-même, puisque, par cette manière d'agir, la sympathie à leurs souffrances est émoussée dans l'homme, et par conséquent le principe physique de la moralité, si utile par rapport aux autres hommes, s'affaiblit et s'éteint insensiblement. L'homme a néanmoins le droit de tuer promptement les animaux (sans les supplicier), et de les employer à un travail, qui n'excède pas leurs forces (les hommes eux-mêmes devant s'y livrer). Au contraire, les expériences physiologiques douloureuses, par pure curiosité, si sans elles le but peut être atteint, sont abominables. — La reconnaissance même pour les services long-temps rendus par un vieux cheval ou un vieux chien (comme serviteur de la maison) fait *indirectement* partie du devoir de l'homme, savoir, par rapport aux animaux ; mais *directement* considéré, ce n'est toujours que le devoir de l'homme *envers* lui-même.

§ XVIII.

Par *rapport* à un être qui se trouve hors des bornes de l'expérience, mais qui est néanmoins dans nos idées quant à la possibilité, par exemple Dieu, nous avons aussi un devoir appelé *devoir religieux*, consistant dans « la connaissance de « tous nos devoirs *comme* ordres divins. » — Mais cela n'est point la conscience d'un devoir *envers Dieu*. Car, puisque l'idée de Dieu est tout entière le produit de notre raison, et se trouve même *produite* par nous, soit sous le rapport théorétique, pour se rendre raison de la forme finale dans l'univers, soit aussi pour servir de mobile à notre conduite ; nous manquons en tout cela d'un être donné, *envers* lequel il y ait obligation pour nous : car alors la réalité devrait d'abord en être prouvée (ou manifestée); mais il est du devoir de l'homme envers lui-même d'appliquer cette idée, qui se présente nécessairement à la raison, à la loi morale en nous, où elle est d'une très-grande fécondité morale. Dans ce sens (*pratique*), il peut être vrai de dire, que c'est un devoir de l'homme envers lui-même d'avoir de la religion.

DEUXIÈME DIVISION

DES DEVOIRS ENVERS SOI-MÊME.

DES DEVOIRS IMPARFAITS DE L'HOMME ENVERS LUI-MÊME (par rapport à sa fin.)

SECTION PREMIÈRE.

§ XIX. *Du devoir envers soi-même de développer et d'améliorer son perfectionnement, c'est-à-dire, sous le rapport pratique.*

La culture de ses forces naturelles (des forces du cœur, de l'intelligence et du corps), comme moyens des différentes fins possibles, est un devoir de l'homme envers lui-même.— L'homme se doit à lui-même (comme être raisonnable), de ne pas laisser en friche et comme enrouillés les éléments naturels et les facultés dont sa raison peut quelquefois faire usage ; mais posé aussi qu'il puisse se contenter de la mesure native de ses facultés pour les besoins naturels, la raison doit cependant l'instruire par principes de *se contenter* de cette modique mesure de ses facultés ; parce qu'étant un être capable d'avoir des fins, ou de se faire fin lui-même, il doit reconnaître avoir reçu l'usage de ses forces, non-seulement de l'instinct naturel, mais encore de la liberté avec laquelle il en détermine la mesure. Il n'est donc pas question de l'*avantage* que peut procurer la culture de ses facultés (pour différentes fins); car cet avantage retomberait peut-être (suivant les principes de Rousseau) au profit de la grossièreté des besoins de la nature : mais c'est un précepte de la raison morale pratique, et un *devoir* de l'homme envers lui-même, de cultiver ses facultés (et l'une d'entre elles plus particulièrement que toute autre, suivant la diversité de ses fins), et de se conduire dans la pratique conformément à la fin de son existence.

Les *forces de l'esprit* sont celles dont l'exercice n'est possible que par la raison. Elles sont créatrices, en tant que leur usage n'est pas dérivé de l'expérience, mais de principes *à priori*. Telles sont les mathématiques, la logique, la métaphysique de la nature. Ces deux dernières parties font aussi partie de la philosophie théorétique, qui, comme l'indique le mot, ne signifie pas la science de la sagesse, mais seulement la science philosophique, science qui peut cependant être utile à la philosophie pratique pour sa fin.

Les *forces de l'ame* sont celles qui sont à l'ordre de l'intelligence, et de la règle dont elle se sert pour atteindre le but qu'elle se propose, en tant qu'elles sont dirigées suivant le fil de l'expérience. Telles sont la mémoire, l'imagination, etc., sur lesquelles l'érudition, le goût (l'ornement soit interne, soit externe), peuvent être fondés, et qui fournissent des instruments pour les fins diverses.

Enfin la culture des *forces corporelles* (la gymnastique proprement dite), est le soin de ce qui constitue le *matériel* de l'homme, sans lequel les fins de l'homme ne seraient pas obtenues; par conséquent le désir attentif que l'animal vive long-temps dans l'homme est un devoir de l'homme envers lui-même.

§ XX.

Laquelle de ces perfections naturelles est *préférable*, et dans quelle proportion avec les autres faut-il qu'elle se fasse fin-devoir de l'homme envers lui-même? C'est ce qui doit être laissé au propre examen rationel de chacun par rapport à un certain genre de vie, et en même temps à l'examen des formes nécessaires à cet effet (par exemple si l'on doit être ouvrier, ou commerçant, ou savant). Car pour ne rien dire de la nécessité où est l'homme de se conserver lui-même, nécessité qui ne peut constituer par elle-même aucun devoir, c'est une obligation de l'homme envers lui-même d'être un membre utile du monde, parce que ce membre fait aussi partie du prix de l'humanité dans sa propre personne, et dès lors l'homme n'a pas le droit de se mépriser.

Le devoir de l'homme envers lui-même, quant à son perfectionnement physique, n'est qu'un devoir *large* et imparfait, puisque, bien qu'il contienne, il est vrai, une loi pour les règles des actions, il ne détermine cependant rien par rapport aux actions elles-mêmes, quant à leur espèce et à leur degré, mais laisse un vaste champ au libre arbitre.

SECTION II.

§ XXI. *Du devoir envers soi-même dans l'accroissement de son perfectionnemeut* moral, *c'est-à-dire sous le rapport purement moral.*

Ce devoir consiste *premièrement*, sous le point de vue subjectif, dans la pureté (*puritas moralis*) du sentiment du devoir, savoir, lorsque

indépendamment des considérations prises de la sensibilité, la loi est par elle-même le seul principe d'action, et que les actions ne sont pas simplement conformes au devoir, mais encore tirées du devoir. — « Soyez saints », est ici le précepte. — *Secondement*, sous le point de vue objectif, par rapport à la fin morale entière qui a pour objet la perfection, c'est-à-dire tout son devoir, et le complément de la perfection de la fin morale par rapport à soi-même, le devoir est ainsi conçu : « Soyez parfaits. » L'effort vers ce but n'est toujours dans l'homme que le progrès d'*un* perfectionnement à un autre ; « est-
« il une vertu, est-il une louange plus élevée,
« aspirez-y. »

§ XXII.

Ce devoir envers soi-même est *strict* et parfait quant à la qualité, quoique large et imparfait quant au degré ; et ce, à cause de la fragilité humaine.

Et cette perfection à laquelle c'est un devoir de *tendre*, il est vrai, mais que ce n'est pas un devoir d'*atteindre* (dans cette vie) ; dont par conséquent, l'observance ne peut être que dans un progrès continu, est, à la vérité, par *rapport* à l'objet (à l'idée que nous devons nous proposer pour fin), un devoir envers soi-même, strict et parfait ; mais à l'*égard* du sujet, c'est un devoir large et imparfait.

Les profondeurs du cœur humain sont sans fond. Qui se connaît assez pour dire s'il connaît le ressort de la pratique du devoir; pour dire s'il procède entièrement de la représentation de la loi, ou si plusieurs autres mobiles sensibles n'agissent pas de concert avec lui ? mobiles qui sont fondés sur l'avantage à espérer, ou sur un préjudice à éviter, et qui dans une autre occasion pourraient tout aussi-bien servir le vice. — Mais par rapport à la perfection comme fin morale, il n'y a dans son idée (objectivement prise) il est vrai, qu'une *seule* vertu (comme force morale des règles) ; mais en fait (subjectivement prise), il y a une foule de vertus de qualité différente, dans lesquelles il serait impossible, si on voulait la chercher, de ne pas trouver une non-vertu (quoiqu'elle ne soit pas ordinairement appelée vice, à cause de ces vertus). Mais une somme de vertus dont l'entière ou incomplète énumération ne se laisse jamais apercevoir parfaitement par la connaissance de nous-même, nepeut fonder que le devoir imparfait d'être parfait.

Tous nos devoirs envers nous-mêmes par rapport à la fin de l'humanité dans notre propre personne, sont des devoirs imparfaits.

DOCTRINE MORALE

ÉLÉMENTAIRE.

LIVRE II.

DES DEVOIRS MORAUX ENVERS AUTRUI.

CHAPITRE PREMIER.

DES DEVOIRS ENVERS LES AUTRES SIMPLEMENT COMME HOMMES.

SECTION PREMIÈRE.

DU DEVOIR DE L'AMOUR ENVERS AUTRUI.

§ XXIII. *Division.*

La principale division peut être en devoirs envers les autres hommes en tant qu'on les oblige en même temps par la prestation ; et en devoirs dont l'observation n'a pas pour conséquence l'obligation d'autrui. — La première espèce de prestation (par rapport aux autres), est *méritoire ;* la seconde est celle d'un devoir *obligatoire*. — *L'amour et le respect* sont les sentiments qui accompagnent l'accomplissement de ces devoirs. Ces sentiments peuvent être considérés et subsister séparément (chacun pour lui seul). L'amour du prochain peut avoir lieu, quoique le prochain mérite peu de respect ; de même que le respect est nécessaire envers tout homme, même à peine jugé digne d'amour : mais en principe, ils sont toujours unis inséparablement en un devoir suivant la loi, et de telle sorte que tantôt l'un tantôt l'autre constitue dans un sujet le principe auquel le second s'unit accessoirement. — Ainsi nous nous jugerons obligés à la bienfaisance envers le pauvre ; mais comme cette faveur fait aussi dépendre son bien-être de ma générosité, qui humilie néanmoins celui qui reçoit le bienfait, il est de devoir d'épargner l'humiliation à celui qui reçoit, en présentant le bienfait comme simple dette ou comme faible présent de l'amitié, afin que l'obligé conserve l'estime de lui-même.

§ XXIV.

S'il est question de lois de devoir (non de lois physiques), même dans les rapports extérieurs des hommes entre eux, alors nous nous considérons dans le monde moral (intellectuel), dans lequel, par analogie au monde physique, l'union des êtres raisonnables (sur la terre) se fait par *attraction* et *répulsion*. La force du principe de *l'amour mutuel* instruit les hommes à se *rapprocher* sans cesse les uns des autres ; mais le principe du *respect* qu'ils se doivent entre eux les tient dans l'*éloignement* les uns des autres ; et si une de ces grandes forces morales succombait, alors le néant (l'immoralité) absorberait comme une goutte d'eau, dans son gouffre entr'ouvert, tout le règne des êtres moraux (si je puis ici me servir de l'expression de *Haller*, quoique dans une autre signification).

§ XXV.

Mais l'*amour* ne doit pas être pris ici comme sentiment (esthétique), c'est-à-dire comme plaisir dans la perfection des autres hommes, ou comme amour du plaisir moral (*amor complacentiæ*); car on ne peut être obligé par autrui d'avoir des sentiments : mais l'amour doit être considéré comme règle de bienveillance (pratique), qui a la bienfaisance pour résultat.

Il en faut dire autant de la *considération* qu'on doit accorder aux autres, savoir, qu'elle ne doit pas être entendue simplement comme sentiment résultant de notre propre *valeur* comparée à celle d'autrui (telle que la sent par pure habitude un enfant envers ses parents, un disciple envers son maître, un inférieur, en général, envers son supérieur), mais seulement comme une *règle* de la circonscription de l'estime de nous-même par la dignité de l'humanité dans la personne d'autrui ; par conséquent comme considération dans le sens pratique (*observantia aliis præstanda*).

Mais comme le devoir du libre respect envers autrui n'est proprement que négatif, en ce qu'il consiste à ne point s'élever au-dessus des autres, il est analogue au devoir de droit de ne préjudicier à personne, et devient ainsi devoir *strict ;* mais considéré comme simple devoir moral, dans son rapport avec le *devoir* d'amour, il est devoir *large*.

Le devoir de l'amour du prochain peut donc être exprimé : le devoir de convertir les *fins* d'autrui en siennes propres (en tant que ces fins ne sont point immorales). Le devoir du respect pour mon prochain est compris dans la règle de n'avilir aucun autre homme, en le faisant servir de simple moyen à mes fins ; de ne pas exiger qu'un autre s'abaisse pour servir à ma propre fin.

De ce que je pratique le premier devoir envers quelqu'un, je fais en même temps contracter une obligation à autrui ; je le sers. Mais par l'observation du second devoir, je m'oblige simplement moi-même, je reste dans mes bornes, pour ne rien ôter à un autre de la valeur qu'il a le droit de se donner comme homme.

§ XXVI. *Du devoir de l'amour en particulier.*

L'amour de l'humanité (philantropie), puisqu'il est ici considéré comme pratique, par conséquent non comme amour du plaisir moral de voir les hommes heureux, doit être une bienveillance active, et par conséquent servir de règle aux actions. Celui qui prend plaisir au bien-être des hommes en les considérant comme tels, s'appelle *philantrope*. Celui qui n'a de plaisir que quand il arrive mal aux autres, s'appelle *misanthrope pratique*. Celui qui voit avec indifférence tout ce qui arrive aux autres, pourvu que la chose lui tourne à bien, est un *égoïste*. — Mais celui qui évite les hommes parce qu'il ne peut trouver de plaisir avec eux, quoiqu'il *veuille du bien* à tous, pourrait être appelé un farouche (*misanthrope esthétique*), qui aurait peur des hommes ; et son aversion pour eux, anthropophobie.

§ XXVII.

Que les hommes soient ou non trouvés dignes d'amour, la règle de la bienveillance (la philantropie pratique) est un devoir de tous les hommes entre eux, suivant la loi morale de la perfection : Aime ton prochain comme toi-même. — Car tout rapport moralement pratique entre les hommes, est leur rapport dans la représentation de la raison pure ; c'est-à-dire un rapport des actions libres, suivant les règles appropriées à la législation universelle, actions qui par conséquent ne peuvent partir d'un amour excessif de soi (*ex solipsismo prodeuntes*). Je désire pour moi la bienveillance de chacun, je dois donc être bienveillant envers tout le monde. Mais comme tous les *autres* sans moi ne sont pas *tout* le monde, et que par conséquent la règle n'aurait pas l'universalité d'une loi, universalité qui est cependant nécessaire à l'obligation, la loi du devoir me comprendra en même temps comme objet dans le précepte de la raison pratique ; non pas comme si j'étais obligé par là d'aimer moi-même (car cela arrive nécessairement, et il n'y a aucune obligation) ; mais la raison législative, qui comprend dans son idée de l'humanité en général toute l'espèce (par conséquent moi-même aussi), me comprend donc à ce titre dans le devoir d'une bienveillance réciproque, suivant le principe de l'égalité, que tous les autres doivent observer envers moi, et te *permet* de te vouloir du bien, sous la condition que tu veuilles aussi du bien aux autres : parce qu'ainsi toute la règle de la bienfaisance s'étend à la législation universelle, comme fondement de toute loi de devoir.

§ XXVIII.

La bienveillance, dans l'amour général des hommes, est, quant à son *extension*, l'amour le plus grand ; mais quant à son *degré*, il est le plus petit ; et quand je dis, Je prends part au bien de cet homme, uniquement d'après la philantropie générale l'intérêt que je prends ici est le plus petit possible ; seulement je ne suis pas indifférent par rapport à lui.

Cependant, de nous deux l'un m'est plus près que l'autre, et je suis celui qui est le plus proche de moi-même dans la bienveillance. Comment donc cela s'accorde-t-il avec la formule : Aime *autrui* (l'homme) comme toi-même ? Si l'un est plus mon prochain que l'autre (dans le devoir de la bienveillance), je suis donc tenu à une plus grande bienveillance envers l'un qu'envers l'autre. Mais je me reconnais moi-même (quant aux devoirs) plus près qu'un autre, et il me semble que je ne puis dire sans contradiction que je dois aimer tous les hommes comme moi-même; car la mesure de l'amour de soi ne laisserait aucune différence dans le degré. — Mais on verra bientôt qu'il ne s'agit pas ici simplement de la bienveillance, du *désir*, qui n'est proprement que la satisfaction dans le bonheur d'autrui, sans même qu'il soit besoin d'y contribuer pour quoi que ce soit (chacun pour soi, Dieu pour nous tous); mais ce dont il s'agit est une bienveillance pratique, consistant à prendre le bien d'autrui pour fin (la bienfaisance). Car dans le *désir*, je puis vouloir du bien à tous également; mais dans le *fait*, le degré peut tout à fait différer suivant la diversité des personnes aimées (dont l'une m'est plus près que l'autre), sans blesser l'universalité de la règle.

DIVISION DES DEVOIRS DE L'AMOUR.

Ce sont 1° ceux de la *Bienfaisance*, 2° ceux de la *Reconnaissance*, 3° de la *Participation*.

A.

Du devoir de la Bienfaisance.

§ XXIX.

Se faire du bien à soi-même autant qu'il est nécessaire pour trouver de la satisfaction dans la vie (avoir soin de son corps, mais non jusqu'à la mollesse), appartient au devoir envers soi-même; — dont le contraire est de se priver sottement des jouissances de la vie par *avarice* (comme des esclaves), ou par la *discipline* outrée de ses inclinations naturelles, deux choses qui répugnent au devoir de l'homme envers lui-même.

Mais comment peut-on demander, outre la *bienveillance* du désir par rapport aux autres hommes (ce qui ne nous coûte rien), que cette bienveillance devienne pratique? c'est-à-dire, que la *bienfaisance* soit un devoir pour quiconque en a la faculté par rapport aux nécessiteux? — La bienveillance est la satisfaction qui nous vient du bonheur d'autrui ; mais la bienfaisance est la règle qui enseigne à se le donner pour fin ; et le devoir qui s'y rapporte est la contrainte du sujet par la raison à recevoir cette règle comme loi générale.

Il n'est pas évident qu'une telle loi, en général, soit dans la raison : la maxime, « Chacun pour soi, Dieu (la Fortune) pour tous », semble être plutôt très-conforme à la nature.

§ XXX.

Il est du devoir de tout le monde de faire le bien, c'est-à-dire d'aider, autant qu'on le peut, les autres hommes qui sont dans la peine à en sortir, sans en espérer aucun retour.

Car tout homme qui se trouve dans la peine désire d'être aidé par les autres hommes. Mais si, au contraire, il rend sa règle générale de ne pas secourir les autres hommes dans la nécessité, c'est-à-dire, s'il en fait une loi facultative universelle, chacun sera également autorisé à lui refuser tout secours dans le besoin. Par conséquent, la règle établie sur le trop d'amour de soi, si elle devenait loi générale, serait contradictoire à elle-même, c'est-à-dire qu'elle est contraire au devoir : par conséquent, la règle générale de la bienfaisance envers les nécessiteux est un devoir universel, et même par cette raison qu'étant nos semblables, c'est-à-dire nécessiteux, ils doivent être considérés comme des êtres raisonnables réunis par la nature dans une demeure unique, pour s'entr'aider réciproquement.

§ XXXI.

La bienfaisance, dans le cas où quelqu'un est *riche* (abonde en moyens de félicité pour autrui, c'est-à-dire possède plus qu'il ne lui faut), ne doit pas même être regardée par le bienfaiteur lui-même pour un devoir méritoire, quoique par ce fait il oblige autrui. La satisfaction qu'il se procure par là lui-même, et qui ne lui coûte aucun sacrifice, est une manière de se délecter ineffablement dans le sentiment moral. — Aussi doit-il éviter soigneusement toute apparence qui tendrait à faire croire qu'il pense obliger par là les autres ; parce qu'autrement ce ne serait plus un véritable bienfait, puisqu'il déclarerait obligé celui qui en est l'objet (obligation toujours humiliante). Il doit plutôt se montrer comme obligé ou honoré lui-même par l'acceptation de ses bienfaits, par conséquent représenter le devoir comme sa dette passive ; à moins (ce qui vaut mieux) qu'il ne fasse le bien en secret. — Cette vertu est plus grande encore, si la faculté de faire le bien est bornée, et si l'ame du bienfaiteur est assez forte pour accepter en silence les maux dont il délivre les autres ; auquel cas il doit être jugé moralement *riche*.

QUESTIONS CASUISTIQUES.

Jusqu'où faut-il porter la dépense de ses moyens dans la bienfaisance ? Serait-ce jusqu'à ce qu'on eût soi-même besoin de recourir à la générosité d'autrui ? Quel est le prix du bienfait d'une main mourante (d'un legs) ? — Celui qui exerce un pouvoir souverain à lui permis par la loi du pays, sur quelqu'un qu'il prive de la liberté, qu'il empêche d'être heureux à sa manière (sur un esclave héréditaire attaché à un fonds), peut-il en être considéré comme le bienfaiteur, s'il en prend un soin en quelque sorte paternel, d'après les idées qu'il se fait lui-même du bonheur qui peut convenir à cet homme ? Ou plutôt l'injustice de le priver de sa liberté n'est-elle pas si opposée au devoir de droit, en général, sous que celui qui, sous la condition d'être rendu heureux, se livrerait de lui-même, plein de confiance, à la bienfaisance de son maître, ne fît pas une très-honteuse abdication de l'humanité ? et les plus grands égards de son maître pour lui ne sembleraient-ils pas n'avoir absolument rien de commun avec la bienfaisance ? ou bien ces égards , ces soins peuvent-ils être tels qu'ils rachètent les droits violés de l'humanité ? — Je ne puis faire du bien aux autres, suivant mes idées de bonheur , qu'aux impubères et aux fous ; mais pour ceux qui sont sains d'esprit, ou dont l'entendement est développé , je ne leur procure réellement aucun bien qu'en le faisant avec leur agrément, et non quand je leur fais violence à cet effet.

La faculté de faire du bien, qui dépend des richesses , est en grande partie une conséquence de la faveur injuste d'un gouvernement qui entraîne l'inégalité des fortunes, et rend nécessaire la bienfaisance des hommes qui ont été comblés de biens au préjudice de leurs concitoyens. Dans cet état de choses, le secours que le riche donne au pauvre mérite-t-il réellement le titre de bienfaisance dont les hommes se flattent si volontiers, comme d'une vertu ?

B.

Du devoir de la reconnaissance.

La *reconnaissance* est une espèce de *vénération* pour une personne dont nous avons reçu un bienfait. Le sentiment qui se joint à ce jugement du cœur est le respect envers (l'obligeant) le bienfaiteur, si l'on ne considère celui-ci que comme lié d'amitié à celui qui a reçu le bienfait. — Même la simple bienveillance cordiale de l'obligé pour l'obligeant, sans conséquences réelles, mérite le nom de devoir moral ; ce qui alors fonde la différence entre la reconnaissance *effective* et la reconnaissance *affective*.

§ XXXII.

La *reconnaissance* est un devoir ; c'est-à-dire, qu'elle n'est pas simplement une *règle de prudence* pour engager une autre personne à une plus grande bienveillance encore (*gratiarum actio est ad plus dandum invitatio*), par la démonstration de l'obligation où je suis à cause du bienfait que j'ai reçu ; car alors j'emploie la reconnaissance comme simple moyen pour d'autres fins, tandis que la reconnaissance est de nécessité immédiate par la loi morale, c'est-à-dise un devoir.

Mais la reconnaissance doit encore être considérée comme un devoir *saint*, comme un devoir dont la transgression (en tant qu'exemple scandaleux) peut être regardée comme éteignant la bienfaisance dans son principe même ; car est saint l'objet moral à l'égard duquel l'obligation ne peut être parfaitement acquittée par aucun acte fait à cette intention (acte malgré lequel l'obligé reste toujours soumis à l'obligation). Tout autre devoir est un devoir ordinaire. — Mais on ne peut, par aucune récompense, s'acquitter d'un bienfait reçu, parce que celui qui a reçu le bienfait ne peut jamais ôter au bienfaiteur l'avantage du mérite d'avoir été le premier à faire du bien. — Mais aussi, dans un tel acte (de bienfaisance réciproque), la simple bienveillance cordiale elle-même envers le bienfaiteur est déjà une espèce de reconnaissance. Un tel sentiment d'obligation est appelé *reconnaissance*.

§ XXXIII.

Quant à ce qui concerne l'étendue de cette reconnaissance, elle ne se borne pas seulement aux contemporains, mais elle remonte aux ancêtres, même à ceux qu'on ne peut nommer avec certitude. C'est aussi la raison pour laquelle il est indécent de ne pas défendre, autant que possible, contre toute attaque, toute accusation et tout mépris, les anciens, qui peuvent être considérés comme nos maîtres. Mais c'est une opinion ridicule que de leur supposer, à cause de leur ancienneté, une supériorité en talents et en bonne volonté sur les modernes, et de mépriser souverainement tout ce qui est moderne par comparaison avec tout ce qui est antique, sous prétexte que le monde perdrait sans cesse de sa perfection primitive, suivant une loi naturelle.

Mais s'il s'agit de l'*intensité*, c'est-à-dire, du degré d'obligation de la reconnaissance, elle doit être taxée suivant le désintéressement du bienfait, ou suivant le degré d'utilité que l'obligé en a reçu. Le plus petit degré est de rendre au bienfaiteur les mêmes services, s'il peut (encore vivant) les recevoir; ou, s'il n'est plus, de les rendre aux autres hommes; de ne pas regarder un bienfait reçu comme un fardeau dont on voudrait se décharger (l'obligé se tenant un degré au-dessous de l'obligeant, ce qui fait souffrir son orgueil) : il faut au contraire en accepter l'occasion comme un bienfait moral, c'est-à-dire comme une occasion donnée d'exercer la vertu de reconnaissance, qui, au sentiment vif et profond d'une intention bienveillante, joint en même temps la *douceur* de la bienveillance elle-même (attention à son plus faible degré dans la représentation du devoir), et ainsi de cultiver la philantropie.

C.

La participation aux sentiments d'autrui est en général un devoir.

§ XXXIV.

La *participation* aux *plaisirs* et aux *peines* d'autrui (*sympathia moralis*) est, il est vrai, un sentiment physique (qu'on peut appeler par cette raison esthétique) d'un plaisir ou d'une peine, au sujet de l'état de joie ou d'affliction d'autrui (sympathie, sentiment commun), sentiment duquel la nature nous a déjà rendus capables. Mais c'est encore un devoir particulier, quoique seulement conditionné sous le nom d'*humanité*, que de le faire servir comme moyen pour arriver à la bienveillance efficace et rationelle; parce qu'ici l'homme n'est pas simplement considéré comme être raisonnable, mais encore comme animal doué de raison. Or, cette participation peut être ou la *faculté* et la *volonté* de se *communiquer* mutuellement ce qu'on éprouve (*humanitas practica*), ou simplement la *capacité* d'éprouver en commun les sentiments de plaisir et de peine (*humanitas æsthetica*) que donne la nature. La première est *libre*, et s'appelle pour cette raison *partici-*

pante (*communio sentiendi libera*), et se fonde sur la raison pratique. La seconde est *nécessaire* (*communio sentiendi necessaria*), et peut s'appeler *communicante* (telle est celle de la chaleur ou des maladies contagieuses); parce qu'elle circule naturellement parmi les hommes qui vivent ensemble. La première seule est donc obligatoire.

C'était une manière de penser sublime que celle du *sage* stoïcien, quand on lui faisait dire : Je désire un ami, non pour me secourir dans la pauvreté, la maladie, la captivité, mais pour que je puisse *le* secourir et sauver un homme. Et cependant, si ce sage ne peut sauver son ami, il dit : Que m'importe?...C'est-à-dire qu'il rejetait la communauté de la douleur.

En effet, si un autre souffre que je me rende (par l'imagination) accessible à sa douleur, que je ne puis guérir, alors deux personnes souffrent, quoique le mal n'en atteigne proprement qu'une seule (dans la nature); mais il est impossible que ce soit un devoir d'augmenter le mal dans le monde, et par conséquent de faire le bien par la *participation à la douleur*. C'est aussi une espèce de bienfait offensant que celui qu'on appelle *pitié*, bienfait qui, exprimant une bienveillance envers quelqu'un que l'on juge indigne, ne devrait passe rencontrer dans des hommes qui ne peuvent assurément se glorifier d'être dignes de leur bonheur.

§ XXXV.

Mais quoique ce ne soit pas un devoir en soi de prendre part à la douleur et à la joie d'autrui, cependant c'en est au moins un indirect de prendre une part active à son sort, et par conséquent enfin de cultiver en nous le sentiment sympathique naturel (esthétique), et de le faire servir par le principe de morale comme un grand moyen pour la participation, et comme un sentiment conforme à ces mêmes principes. — C'est donc un devoir de ne pas fuir les lieux où se trouvent les nécessiteux, mais il faut plutôt les chercher; c'est un devoir de ne point fuir les asiles des malades, les lieux de détention des coupables, etc., pour échapper à la sympathie dont on ne pourrait se défendre, puisque c'est un des mobiles que la nature a mis en nous pour faire ce que ne pourrait jamais faire par elle-même la pensée du devoir.

QUESTIONS CASUISTIQUES.

Ne vaudrait-il pas mieux, pour le bien du monde en général, que toute la moralité de l'homme fût restreinte aux devoirs de droit, déterminés avec la conscience la plus scrupuleuse, et que la bienveillance fût comptée parmi les choses indifférentes ? Il n'est pas si facile de voir quelles conséquences devraient en résulter pour le bonheur de l'humanité. Mais dans ce cas au moins il manquerait au monde un beau spectacle, celui de la philantropie, dont on a aussi besoin pour elle-même, sans compter l'avantage (le bonheur) qu'on lui doit, pour faire voir le monde comme un beau tout, moral dans sa perfection.

La reconnaissance n'est proprement pas l'amour réciproque de l'obligé envers l'obligeant, mais l'estime qu'on sent pour lui : car l'égalité des devoirs peut et doit servir de fondement à l'amour général du prochain, mais la reconnaissance met l'obligé un degré au-dessous de son bienfaiteur. L'orgueil de ne pas vouloir quelqu'un au-dessus de soi, l'indignation de ne pouvoir se mettre avec lui sur le pied d'une égalité parfaite (quant à ce qui concerne les rapports des devoirs), ne seraient-elles pas la cause de la fréquence de l'ingratitude ?

DES VICES DE LA MISANTHROPIE OPPOSÉS (CONTRARIÉ) A LA PHILANTROPIE.

§ XXXVI.

Ces vices forment la détestable famille de l'*envie*, de l'*ingratitude*, et de la *joie du malheur d'autrui*. — Toutefois la haine n'est ici ni visible ni violente, mais cachée et comprimée ; ce qui ajoute l'*abjection* à l'oubli du devoir envers son prochain, et viole ainsi en même temps le devoir envers soi-même.

1° L'*envie*, penchant à voir avec peine le bonheur d'autrui, quoiqu'on n'en éprouve aucun préjudice. Si elle va jusqu'à tenter de diminuer ce bonheur, elle s'appelle *envie qualifiée*, envie proprement dite ; dans le cas contraire, elle n'est que jalousie (*invidentia*) : toutefois ce n'est qu'une façon de sentir indirectement mauvaise ; en d'autres termes, c'est un déplaisir de voir notre bien propre éclipsé par celui des autres, forcés que nous sommes d'estimer la mesure de notre bien, et de rendre cette estimation sensible, non par sa valeur intrinsèque ou absolue, mais seulement par sa comparaison avec le bonheur d'autrui. — C'est dans ce sens que l'on dit très-bien de l'union et du bonheur d'un mariage, d'une famille, qu'ils portent envie, qu'ils sont dignes d'envie : comme s'il était permis, dans certains cas, de jalouser quelqu'un. Les mouvements de l'envie sont donc dans la nature de l'homme ; et son excès, son emportement seul, en fait le vice très-honteux d'une ame qui s'afflige, se tourmente, attendant la ruine de la fortune d'autrui, que du moins elle provoque par ses désirs. Elle est donc aussi-bien opposée au devoir de l'homme envers lui-même, qu'au devoir envers autrui.

2° L'*ingratitude* envers son bienfaiteur, qui s'appelle *ingratidude qualifiée*, ou proprement dite, si elle va jusqu'à le haïr ; mais qui, dans le cas contraire, s'appelle *défaut de reconnaissance*. Ce vice est, au jugement de tout le monde, le plus détestable ; et néanmoins l'homme est si décrié, sous ce rapport, que l'on ne tient pas pour invraisemblable, que l'on croit même à la possibilité de se faire des ennemis par des bienfaits. — La cause de la possibilité d'un tel vice se trouve dans le devoir envers soi-même, mal entendu, de se passer de la bienfaisance d'autrui, de ne pas la provoquer, sous prétexte qu'elle nous impose une obligation à l'égard des autres ; mais plutôt de supporter les incommodités de notre position dans la vie, et d'éviter d'en faire sentir le poids aux autres hommes, et par conséquent d'éviter de contracter des obligations envers autrui, crainte de tomber par là dans l'état du client vis-à-vis de son patron ; toutes choses qui sont contraires à la véritable estime de soi (fierté de la dignité humaine dans sa propre personne). Par conséquent, la reconnaissance envers ceux qui doivent *inévitablement* nous prévenir par leurs bienfaits (v. g., envers les ancêtres et envers les parents), est toujours exprimée généreusement ; mais elle n'est témoignée que d'une manière parcimonieuse envers les contemporains. Il y a plus : on témoigne même l'opposé de la reconnaissance pour rendre insensible ce rapport d'inégalité. — Mais c'est alors un vice qui révolte l'humanité, non pas uniquement à cause du *préjudice* qu'un tel exemple doit en général porter aux hommes, en détournant de la bienfaisance ceux qui pourraient leur être utiles à l'avenir (car il faudrait qu'ils fussent animés d'une intention morale parfaite pour attacher à leur bienfaisance un prix moral interne, d'autant plus grand qu'ils recevront moins de témoignages de reconnaissance) : mais encore parce qu'alors la philanpie est en quelque sorte anéantie, et que le défaut de philantropie se convertit en droit de haïr celui qui nous aime.

3° La *joie du malheur* d'autrui, qui est précisément l'opposé de la participation à ses maux, n'est pas non plus étrangère à la nature humaine. Quand elle va jusqu'à faire le mal ou à prêter aide et secours au méchant dans l'exécution de ses mauvais desseins, elle présente alors la misanthropie comme *joie proprement dite* du malheur d'autrui, et la fait voir dans toute son horreur. Il paraît être dans la nature des choses, suivant les lois de l'imagination ou du contraste, de mettre dans le plus grand jour, afin de le sentir plus fortement, son bien-être, et même sa bonne conduite, quand les autres sont malheureux ou commettent des actions scandaleuses : ce revers d'autrui est comme l'ombre qui fait ressortir l'état opposé de notre condition. Mais se réjouir immédiatement de l'existence de ces *énormités* qui bouleversent tout le bonheur du genre humain, souhaiter par conséquent ces sortes d'événements, c'est ce qui ne peut être que le fruit d'une haine secrète pour les hommes, contraire à l'amour du prochain, qui fait partie de nos devoirs. — L'*arrogance* des autres dans une prospérité constante, la *présomption* dans la bonne conduite (mais proprement dans le seul bonheur d'être encore exempt de la séduction des vices publics), deux choses dont l'homme plein d'amour-propre se fait un mérite, engendrent cette joie ennemie du bonheur, directement contraire au devoir imposé par le principe de la participation, suivant la maxime de l'honnête Chrémès, dans Térence: « Je suis homme, et rien de ce qui « arrive à l'humanité ne m'est indifférent. »

De cette joie du malheur d'autrui, la plus douce est celle qui semble avoir pour elle l'apparence du plus grand droit, qui semble même faire une obligation de se proposer pour fin la perte d'autrui, sans même qu'on en reçoive le moindre avantage : c'est le *désir de la vengeance.*

Tout fait blessant le droit d'un homme mérite punition : le châtiment est destiné non-seulement à réparer le préjudice, mais à *venger* le crime dans la personne du coupable. Mais maintenant la peine n'est pas un acte de l'autorité privée de l'offensé, mais d'un tribunal différent de lui, qui exécute les lois d'un supérieur, sur tous ceux qui lui sont soumis ; et si nous considérons les hommes dans un état de droit (comme c'est indispensable en morale), mais *suivant les seules lois de la raison,* (et non d'après les lois civiles), personne alors n'a plus le droit de décerner des peines et de venger une offense reçue, si ce n'est le législateur suprême (Dieu), qui seul peut dire : « La vengeance m'appartient, « je vengerai. »

C'est donc un devoir moral, non-seulement de ne pas poursuivre de sa haine vengeresse l'agression d'autrui, mais de ne pas même provoquer le juge du monde à venger ; tant parce que l'homme a bien assez de sa propre faute pour avoir besoin lui-même de pardon, qu'encore, et même principalement, parce qu'aucune vengeance ne doit être sollicitée par haine de qui que ce soit. Le *pardon* (*placabilitas*) est donc un devoir de l'homme, lequel cependant ne doit pas être confondu avec une *molle endurance* des injures (*ignavis injuriarum patientia*), comme renonciation aux moyens rigoureux de prévenir l'offense continuée des autres ; car ce serait leur abandonner nos droits pour les fouler, et léser le devoir de l'homme envers lui-même.

OBSERVATION.

Tous les vices qui rendraient la nature humaine odieuse, si on la considérait comme en étant capable par principes, sont *inhumains*, objectivement considérés ; mais cependant ils sont *humains*, subjectivement considérés, c'est-à-dire comme l'expérience nous apprend à connaître notre espèce. Par conséquent, quoiqu'on pût, dans l'excès de leur abomination, en appeler quelques-uns *diaboliques*, comme on pourrait appeler vertus *angéliques* leurs contraires, cependant ces deux concepts ne sont que des idées d'un extrême pensé comme mesure pour comparer le degré de la moralité, lorsque l'on assigne à l'homme sa place dans le *ciel* ou dans les *enfers*, sans qu'on en fasse un être mitoyen qui n'occuperait ni l'un ni l'autre de ces lieux. Il n'est pas ici question de savoir si *Haller* a mieux rencontré dans son « milieu équivoque (entre l'ange et la brute) » ; mais l'action de diviser dans la comparaison des êtres hétérogènes, ne conduit à aucun concept déterminé, et rien ne peut nous y conduire dans l'ordre des êtres, quant à leur différence de classes à nous inconnues. La première division (en vertus angéliques et en vices diaboliques) est exagérée ; l'autre, quoique, hélas ! elle représente les hommes tombant dans des vices *brutaux*, n'autorise cependant pas à donner à ces vices des racines inhérentes à l'espèce humaine ; aussi peu que le rabougrissement de certains arbres d'une forêt n'est la cause qu'on les rapporte à une certaine *espèce* de végétaux.

SECTION II.

Des devoirs moraux envers les autres hommes, concernant le respect que nous leur devons.

§ XXXVII.

La *modération* dans les prétentions en général, c'est-à-dire la circonscription volontaire de l'amour de soi par l'amour-propre des autres, s'appelle *modestie ;* le défaut de *cette modération* ou la *non-modestie* par rapport au progrès dans l'amitié d'*autrui*, est l'*amour-propre (philautia*). Mais l'immodestie dans la prétention à la *considération* des autres est *l'arrogance.* Le *respect* que je porte à autrui, ou qu'un autre peut exiger de moi, est donc la reconnaissance d'un *mérite (dignitas)* dans un autre homme, d'une valeur inappréciable, qui n'a aucun équivalent pour lequel l'objet de l'estime pût être échangé. — Le jugement qu'une chose n'a pas une valeur de cette nature, est le *mépris.*

§ XXXVIII.

Tout homme peut justement prétendre à la considération de ses semblables, et doit réciproquement *leur accorder la sienne.*

L'humanité elle-même est une dignité ; car l'homme ne peut se servir d'aucun homme (soit d'un autre, soit de lui-même) simplement comme d'un instrument; mais il doit toujours en même temps l'employer comme fin ; et en cela même consiste sa dignité (la personnalité), par laquelle il s'élève au-dessus de tous les autres êtres du monde qui ne sont pas hommes, et qui cependant peuvent être employés ; par conséquent, au-dessus de toutes les choses. De la même manière donc qu'il ne peut s'aliéner pour aucun prix (ce qui serait opposé au devoir de l'amour de soi), de même aussi il ne peut pas agir en opposition à l'estime que les autres se doivent nécessairement comme hommes, c'est-à-dire qu'il est obligé de reconnaître pratiquement la dignité humaine dans tout autre homme, et par conséquent obligé au devoir nécessaire d'avoir des égards pour son semblable.

§ XXXIX.

Mépriser les autres, c'est-à-dire leur refuser la considération due à tout homme en général, est dans tous les cas contraire au devoir, car ce sont des hommes. Les *mépriser* (*despicatui habere*) intérieurement en comparaison avec d'autres hommes, est, à la vérité, chose inévitable; mais l'expression de ce mépris est cependant une offense. — Ce qui est *dangereux* n'est point un objet de mépris, et par conséquent l'homme vicieux n'est donc point à mépriser ; et lorsque ma supériorité sur ses attaques m'autorise à dire que je le méprise, c'est comme si je disais qu'il n'y a aucun danger avec lui, quand même je ne me préparerais à aucune défense, parce qu'il se montre lui-même dans sa méchanceté. Néanmoins je ne puis refuser toute considération au vicieux lui-même comme homme, considération qui ne peut lui être enlevée, au moins en cette qualité, quoiqu'il s'en rende indigne par le crime. C'est ainsi que des peines peuvent être infamantes, déshonorantes pour l'humanité même (par exemple l'écartellement, la condamnation à la rescision du nez, des oreilles) : non-seulement de telles peines, à cause de l'affligeante dégradagion qui les accompagne, sont, pour le patient (qui prétend encore à la considération des autres hommes, comme chacun le doit) plus douloureuses que la perte des biens et de la vie même, mais encore elles font rougir le spectateur d'appartenir à une espèce qu'il soit permis de traiter de la sorte.

OBSERVATION.

Là dessus se fonde le devoir du respect envers les hommes, même dans l'usage logique de la raison : le devoir de ne pas flétrir leurs erreurs du nom d'absurdité, de jugement inepte, etc.; mais de supposer plutôt qu'il doit y avoir cependant quelque chose de vrai, et de le chercher. Ici se rattache aussi le devoir de découvrir la fausse apparence (le subjectif des principes de la détermination d'un jugement qui a été pris par erreur pour objectif), et de garder ainsi un certain respect pour l'intelligence de l'homme, tout en lui faisant voir la possibilité de se tromper; car si l'on refuse à un jugement de son adversaire tout sens dans les expressions, par quels arguments le convaincra-t-on d'erreur? — Il en est de même avec l'opprobre du vice, qui ne doit jamais aller jusqu'au parfait mépris pour le vicieux, ni jamais jusqu'à lui refuser toute valeur morale, puisqu'il serait incorrigible suivant cette hypothèse, ce qui est inconciliable avec l'idée d'homme, qui, comme tel (comme être moral), ne peut perdre tous ses éléments du bien.

§ XL.

Le respect de la loi, qui est subjectivement caractérisé comme le sens moral, n'est autre chose que la conscience du devoir. C'est pourquoi la démonstration du respect envers l'homme comme être moral (faisant le plus grand cas de son devoir) est elle-même un devoir que les autres ont envers lui, et pour lui un droit qu'il ne peut abdiquer. Ce droit s'appelle *amour de l'honneur*. La manifestation dans la conduite extérieure s'appelle *honnêteté* (*honestas externa*), et son infraction *scandale*. Ce dernier est un exemple du mepris qu'on fait de l'honnête ; exemple qui pourrait être suivi par d'autres, et qu'il est toujours très-répréhensible de donner. Mais si cet exemple n'est qu'un paradoxe qui n'ait rien de mauvais en lui-même, le suivre n'est qu'une affaire d'opinion ; ce qui peut néanmoins, ainsi que l'erreur, être dangereux, même pernicieux pour la vertu (puisqu'on tient l'innovation pour illégitime). — Néanmoins le respect dû aux autres hommes qui nous en donnent l'exemple, ne doit pas degenérer en une imitation aveugle (quand l'usage, *mos*, a tout le caractère d'une loi); car cette tyrannie de la coutume serait contraire au devoir de l'homme envers lui-même.

§ XLI.

L'omission des simples devoirs d'amour, est la *non vertu* (*peccatum*); mais l'omission du devoir du *respect* dû à tout homme en général, est *vice* (*vitium*). Car, par la négligence du premier devoir, personne n'est offensé; mais l'omission du second enlève à l'homme de son juste droit. — La première transgression est *opposée* (*contrariè**) à la vertu; mais ce qui non-seulement n'ajoute rien à la morale, mais de plus enlève à l'élément moral le prix qui pourrait tourner au profit du sujet, s'il en était autrement, est un vice.

Aussi est-ce pour cette raison que les devoirs envers le prochain ne sont énoncés que négativement par le respect qui lui est dû, c'est-à-dire que le devoir moral n'est énoncé qu'indirectement (par la défense du contraire).

* Il nous semble qu'il faudrait ici *contradictoriè*. (N. du T.)

DES VICES QUI PORTENT ATTEINTE AU DEVOIR DU RESPECT ENVERS LES AUTRES HOMMES.

Ces vices sont : 1° l'*orgueil*, 2° la *médisance*, 3° et la *raillerie*.

A.

L'Orgueil.

XLII.

L'*orgueil* (*superbia*, et, comme ce mot l'exprime, l'inclination de nager toujours en haut) est une espèce d'*ambition*, par laquelle nous demandons des autres hommes qu'ils se méprisent eux-mêmes par rapport à nous. Elle est donc un vice opposé à l'estime à laquelle tout homme peut légitimement prétendre.

L'orgueil diffère de la *fierté* (*animus elatus*), qui est l'amour de l'honneur, c'est-à-dire le soin très-attentif de ne rien céder de sa dignité en comparaison avec les autres (ce qui fait qu'on a aussi coutume de caractériser la fierté du seul mot *noble*), car l'orgueil exige d'autrui une considération qu'il lui refuse cependant. — Mais cette fierté elle-même est vicieuse et offensante, si elle exige aussi des autres qu'ils s'occupent de son importance.

Il est clair par soi-même que l'orgueil, qui est en quelque sorte le vif désir qu'a l'ambitieux d'avoir des laquais et des esclaves, qu'il se croit permis de traiter méprisablement, est *injuste* et opposé aux égards que nous devons aux hommes en général. Il est évidemment *insensé* dans cette vanité qui lui fait employer des moyens pour arriver à un résultat qui n'a, sous certains rapports, aucune valeur qui puisse en faire une fin. Sa *sottise*, c'est-à-dire l'offense imprudente qu'il commet en se servant de moyens qui doivent lui faire mépriser les hommes dont il brigue l'estime, n'est pas moins évidente ; car chacun refuse d'autant plus volontiers sa considération à l'orgueilleux, que celui-ci semble l'exiger plus impérieusement. — On n'a cependant pas remarqué que l'orgueilleux est toujours en réalité une ame *abjecte :* car il ne demanderait pas que les autres comparés à lui se méprisassent, s'il ne se trouvait lui-même capable de ramper de son côté, et de renoncer sans effort à toute considération étrangère, pour le cas où la fortune lui serait infidèle.

B.

La Médisance.

§ XLIII.

La *médisance* (*obtrectatio*) ou la calomnie, ce qui ne comprend pas l'accusation en justice, qu'on peut appeler fausse calomnie (*contumelia*), mais simplement l'inclination immédiate, sans aucun but particulier, de divulguer quelque chose de préjudiciable à la considération d'autrui, est en général opposée à la considération due aux autres hommes ; parce que tout scandale donné affaiblit cette considération, sur laquelle cependant repose l'encouragement au bien moral, et diminue autant que possible la confiance envers autrui.

La divulgation réfléchie (*propalatio*) de ce qui attaque l'honneur d'autrui, si la chose divulguée n'appartient pas à la juridiction publique, posé du reste qu'elle fût vraie, est l'affaiblissement de la considération pour l'humanité en général, pour enfin jeter sur notre espèce même les ombres du mépris, et faire régner la misanthropie, ou émousser le sens moral par l'aspect fréquent de cette misanthropie, en s'y accoutumant. — C'est donc un devoir moral non-seulement de tirer un voile sur les fautes d'autrui, en mettant un correctif à nos jugements, mais aussi de les taire complètement, au lieu de prendre un plaisir malin à les dévoiler, pour se ménager par là la réputation d'être bon, ou au moins de n'être pas pire que le reste des hommes ; puisque les exemples de la considération que nous accordons aux autres, peuvent aussi exciter des efforts pour mériter la nôtre. — C'est pourquoi l'espionnage des mœurs d'autrui* est déjà par lui-même une curiosité offensante de connaître les hommes, curiosité à laquelle chacun peut s'opposer avec raison comme à une violation du respect qu'on se doit à soi-même.

C.

Le Ridicule.

§ XLIV.

Le penchant malin à censurer, et l'inclination à rendre les autres ridicules, la *raillerie*, pour se réjouir immédiatement de leurs sottises, est une méchanceté : elle est toute différente de la *plaisanterie* familière *entre amis*, qui se permet de ridiculiser légèrement comme des fautes

---

* Ἀλλοτριεπισκοπία.

ce qui fait réellement l'éloge d'un caractère, ou même de rire de certaines particularités, en les présentant comme habitudes, quoiqu'elles ne le soient pas (en quoi il n'y a plus alors *raillerie offensante*). Mais faire rire des travers réels, ou présenter comme réelles des fautes qui ne sont qu'imaginaires, en se proposant par là de priver une personne de la considération qu'elle mérite, et le penchant à cette sorte de raillerie qu'on appelle encore plaisanterie *mordante* (*spiritus causticus*), a quelque chose d'une joie diabolique ; et par cette raison est une violation très-grave du devoir de la considération envers les autres hommes.

Cette raillerie est cependant différente de la rétorsion plaisante (*retorsio jocosa*), quoique celle-ci renvoie avec mépris les attaques offensantes d'un adversaire ; rétorsion dans laquelle le moqueur (ou en général un adversaire méchant, mais faible) est à son tour justement moqué. Il n'y a là que légitime défense de la considération qu'on peut exiger d'autrui. Si cependant la matière ne comporte pas proprement la plaisanterie, mais est telle que la raison en tire nécessairement un intérêt moral, alors, et quoique l'adversaire aurait lui-même plaisanté beaucoup, et qu'il se fût en cela lui-même exposé à la dérision, il est plus conforme à la dignité de l'objet et à la considération pour l'humanité, soit de n'opposer à l'insulte aucune défense du tout, soit de le faire avec gravité.

OBSERVATION.

On remarque que, sous le titre précédent, les vertus ne sont pas tant recommandées que les vices opposés y sont blâmés ; mais le prescrit de la vertu se trouve déjà dans le concept du respect, tel que nous sommes obligés de l'accorder aux autres hommes, respect qui n'est qu'un devoir *négatif*. — Je ne suis pas tenu d'*honorer* les autres (considérés simplement comme hommes), c'est-à-dire de leur manifester une considération positive. — Tous les égards auxquels je suis obligé par la nature, sont le respect de la loi en général (*reverere legem*), et son exécution aussi par rapport aux autres hommes ; mais non pas le respect des autres hommes en général (*reverentia adversùs hominum*), ou l'obligation de faire en cela pour eux quoi que ce soit. Le devoir de l'homme qui, comme considération primitivement due à l'humanité, peut être exigé de chacun, est un devoir général et absolu envers autrui.

Le respect qui doit être accordé aux autres, suivant leurs différentes qualités, ou leurs rapports accidentels, savoir l'âge, le sexe, l'origine, la force ou la faiblesse, l'état et la dignité, rapports qui reposent en partie sur des institutions arbitraires, ne peut être exposé longuement ni classifié dans les principes metaphysiques de la morale, puisqu'il n'est ici question que des principes purs de la raison.

CHAPITRE II.

DES DEVOIRS MORAUX DES HOMMES ENTRE EUX, PAR RAPPORT A LEUR ETAT.

§ XLV.

Ces devoirs moraux ne peuvent pas, dans la morale pure à la vérité, fournir un chapitre particulier pour leur système ; car ils ne renferment pas les principes de l'obligation des hommes comme tels entre eux, et ne peuvent par conséquent former proprement une *partie* des principes *metaphysiques* de la morale, mais ils sont seulement des regles accommodées, suivant la différence des sujets, à l'*application* du principe moral (quant au formel) aux différents cas (le matériel) qui se présentent dans l'expérience comme toutes divisions empiriques, ils ne permettent donc aucune classification certainement complete. Cependant, de même qu'on demande un passage de la metaphysique de la nature à la physique, passage qui est soumis à certaines règles particulieres, ainsi l'on en demande avec raison un semblable dans la métaphysique des mœurs, savoir, que par l'application des principes purs du devoir aux cas de l'expérience, ces *principes* soient en quelque sorte *schématisés*, représentes et appropriés à l'usage moralement pratique. — Par conséquent, quelle est la conduite à tenir avec les hommes, v. g., dans la perfection ou imperfection morale de leur état social, dans un etat policé ou dans un etat inculte et grossier? quelle doit être la conduite des savants et celle des ignorants? qu'est-ce qui doit les caractériser dans l'usage de leur science comme hommes sociables (polis), ou comme savants insociables dans leur etat (pedants)? quelle doit être la conduite des praticiens ou celle de ceux qui s'adonnent de preference aux sciences speculatives et littéraires? quelle est celle qui convient suivant la difference des etats, de l'âge, du sexe, de la santé, de la richesse ou de la pauvreté. Ce ne sont pas là autant d'*especes d'obligations* morales (car il n'y en a qu'une, celle de la vertu en général), mais seulement des espèces d'*applications** qui par conséquent ne peuvent point être proposées, mais seulement annexées comme des sections morales et des membres d'un système à *diviser* (système qui doit sortir *à priori* d'un concept rationel). — Mais cette application appartient à l'intégrale exposition d'un système et non à ses principes.

CONCLUSION DE LA SCIENCE ÉLÉMENTAIRE.

De l'union intime de l'amour avec le respect dans l'amitié.

§ XLVI.

L'*amitié* (considérée dans sa perfection) est l'union de deux personnes par un amour et une considération égales et réciproques. On voit facilement qu'elle est l'idéal de la participation au bien de tous ceux qui sont unis par une bonne volonté morale ; et quoiqu'elle ne soit pas tout le bonheur de la vie, l'admission du double sentiment qui la constitue fait mériter d'être heureux. C'est donc un devoir pour les hommes que de rechercher leur amitié mutuelle. — Mais il n'est pas difficile d'apercevoir que si c'est un devoir imposé par la raison d'aspirer à l'amitié

* Πορισματα, corollaires.

comme à une règle du bon sentiment entre les hommes, au moins n'est-ce pas un devoir vulgaire, mais un devoir honorable ; et qu'une amitié parfaite est une simple idée, mais une idée pratiquement nécessaire, quoique inaccessible dans le réel de la vie. Car comment est-il possible qu'un homme en rapport avec ses semblables découvre de part et d'autre l'*égalité* de l'un des sentiments constitutifs du même devoir (v. g. de la bienveillance mutuelle), égalité néanmoins requise pour la perfection de l'amitié? ou, ce qui mérite encore plus d'être recherché, quel est dans la même personne le rapport du sentiment de l'un des devoirs élémentaires de l'amitié au sentiment de l'autre (v. g. du sentiment de bienveillance à celui de respect); et lorsque l'un des amis est ardent dans l'*amour*, ne perd-il pas par là même dans le *respect* de l'autre? Comment donc s'attendre que de part et d'autre l'amour et la parfaite considération puissent subjectivement se ramener sans peine à un équilibre proportionnel ; ce qui est néanmoins indispensable à l'amitié ? — Car on peut considérer l'amour comme attraction, et le respect comme répulsion ; tellement que le principe de ce premier sentiment demande le rapprochement, tandis que celui du second exige une honnête distance. Cette circonscription de l'intimité, énoncée par la règle qui défend aux amis les plus intimes de ne point user entre eux de *trop de familiarité*, contient une maxime qui ne vaut pas simplement de supérieur à inférieur, mais encore réciproquement ; car le supérieur sent son orgueil offensé avant qu'on s'en aperçoive, et desire bien voir que le respect de l'inférieur soit peut-être un instant suspendu, mais non anéanti, parce que, une fois altéré, il est intérieurement perdu sans retour, quoique son caractère extérieur (le cérémonial), suive son ancienne allure.

L'amitié dans sa pureté ou plénitude, pensée comme accessible (entre Oreste et Pylade, Thésée et Pyrithous), est le cheval de bataille des ecrivains romains. Mais Aristote dit au contraire : Mes bons amis, il n'y a point d'amis ! Les observations suivantes feront encore sentir la difficulté qu'il y en ait en effet.

En considérant la chose moralement, il sera sans doute de devoir qu'un ami dessille les yeux de son ami sur ses fautes ; car de cette manière il veille utilement à son bonheur, ce que doit effectivement faire l'amour. Mais celui-ci ne voit dans la conduite du premier qu'un défaut de la consideration qu'il s'attendait à trouver dans son ami ; il doit même toujours être en crainte d'avoir perdu cette estime, ou, puisqu'il est toujours observé et jugé secrètement par lui, de la perdre bientôt ; et, par cela seul qu'il doit toujours être observé et remontré, il se croira déjà offensé.

Combien ne désire-t-on pas dans l'adversité un ami agissant, et qui puisse nous secourir dans nos besoins ! Mais cependant c'est un lourd fardeau que de se sentir enchaîné à la fortune d'autrui, et accablé de ses nécessités. — L'amitié ne peut donc consister dans une liaison également avantageuse des deux côtés, mais cette liaison doit être purement morale ; et l'assistance qu'on peut justement attendre d'autrui dans les cas difficiles, ne doit pas être considérée comme fin et moyen déterminant à l'amitié ; — par là l'un perdrait l'estime de l'autre : — mais cette assistance ne doit être que comme le signe extérieur d'une bienveillance intimement cordiale, qu'on ne peut cependant jamais mettre à l'épreuve sans danger, parce que chacun des deux amis désire ardemment soulager l'autre de ce fardeau, le porter seul, et même le lui cacher totalement ; mais il peut cependant espérer toujours qu'à son tour il recevra dans l'adversité les secours de celui qu'il soulage maintenant. Mais si l'un reçoit un *bienfait* de l'autre, il peut bien encore compter sur une égalité d'amour, mais non sur une égalité de considération, car il se

voit sensiblement placé un degré plus bas, puisqu'il est obligé, sans pouvoir obliger à son tour.
— L'amitié, outre qu'elle contient la douceur du sentiment d'une possession mutuelle si grande qu'une seule personne résulte en quelque sorte de deux, est en même temps quelque chose de si *tendre* (*teneritas amicitiæ*), que si on la fait consister dans le sentiment, sans soumettre cette communauté, cette dédition mutuelle à des principes, à des règles qui préviennent le trop de familiarité, en limitant l'amour par les exigences du respect, elle n'est pas sûre de ne pas être troublée et *interrompue* au premier moment, comme il arrive ordinairement aux personnes sans éducation, quoiqu'elles n'en viennent presque jamais à une *rupture* pour cela ; car le peuple se bat et se réconcilie ensuite : ces personnes ne peuvent pas se quitter, ni même s'unir par la concorde, parce que les rixes mêmes leur sont nécessaires, pour soutenir la douceur de l'union après qu'elles se sont réconciliées. — Mais en aucun cas l'amour ne peut être *passion* dans l'amitié, parce que la passion est aveugle dans son choix, et finit par s'évanouir.

§ XLVII.

L'*amitié morale* (pour la distinguer de l'amitié esthétique) est la parfaite confiance qui règne entre deux personnes dans la communication réciproque de leurs pensées et de leurs sentimens les plus secrets, autant que cela peut se concilier avec la considération mutuelle entre eux.

L'homme est un être destiné à la société, quoique cependant insociable ; et dans la culture de l'état social, il sent grandement la nécessité de *s'ouvrir* aux autres, n'ayant en cela aucune intention secrète : mais en sens contraire, il est aussi retenu et averti par la crainte de l'abus que les autres peuvent faire de la découverte de ses pensées, et se voit ainsi forcé de *renfermer* au-dedans de lui une bonne partie de ses jugemens, principalement ceux sur les autres hommes. Il désirerait volontiers ne s'entretenir avec personne de ce qu'il pense des hommes qu'il fréquente, du gouvernement, de la religion, etc.; mais il ne doit pas le tenter, parce que les autres, s'il taisait prudemment son jugement, pourraient tourner son silence contre lui. Il pourrait bien encore mettre à découvert d'autres siens défauts, mais il doit craindre que celui à qui il se dévoile ne cache les siens propres, et qu'il ne perde ainsi lui-même de la considération de ce dernier, en s'exposant à lui trop à cœur ouvert.

Que s'il trouve un homme qui ait un sens et un entendement droit, tellement qu'il puisse lui ouvrir son cœur avec une parfaite confiance, sans avoir à craindre aucun danger, et qui soit d'accord avec lui sur la manière de juger les choses, il peut laisser un libre cours à ses pensées: il n'est plus tout-à-fait seul avec ses pensées, comme dans une prison, et il jouit d'une liberté qui lui manque dans la foule, où il est obligé de se renfermer en lui-même. Tout homme a ses secrets, et il ne doit point s'ouvrir témérairement aux autres, soit à cause de l'ignoble façon de penser de la plupart, qui pourraient en faire un usage préjudiciable pour lui, soit à cause de l'imprudence de plusieurs dans le discernement de ce qui doit ou non se divulguer, soit à cause de l'indiscrétion. Or, il est très-rare de trouver toutes ces vertus contraires réunies dans le même homme:

Rara avis in terris, nigroque simillima cygno;

surtout lorsqu'une étroite amitié exige que cet ami prudent et fait confident se tienne obligé au même secret envers un autre ami également discret, à moins d'une permission expresse de la part du premier, qui lui a confié ce secret.

Cette amitié (l'amitié simplement morale) n'est cependant pas idéale, et ce cygne noir existe réellement par-ci par-là dans toute sa perfection ; mais l'amitié parfaite, qui se charge des fins des autres hommes, quoique par amour, ne peut avoir ni la pureté (pragmatique), ni la perfection exigée pour une règle suffisamment déterminée, et n'est que l'idéal d'un vœu immense dans le concept rationel, mais qui cependant doit toujours être borné dans l'expérience.

Mais l'*ami des hommes* en général (c'est-à-dire un ami de toute l'espèce) est celui qui prend part esthétiquement au bien de tous les hommes, et qui ne l'altérera jamais sans une profonde douleur. Cependant le mot d'*ami* des hommes, est d'une signification encore plus stricte que celui de *philantrope*. Car dans le premier est aussi la représentation et le soin de l'*égalité* parmi les hommes, par conséquent l'idée d'être obligé par là soi-même, lorsque l'on oblige les autres à la bienfaisance ; en quoi on se représente tous les hommes comme des frères, sous un père commun qui veut le bien de tous. — Car le rapport de patron comme bienfaiteur à client comme reconnaissant, est à la vérité un rapport d'amour mutuel, mais non un rapport d'amitié ;

parce que le respect dû entre eux n'est pas égal. — Le devoir de vouloir du bien aux hommes, comme leur ami (une affabilité nécessaire), et la mûre réflexion de ce devoir, servent à remédier à l'orgueil qui s'empare ordinairement des heureux qui pourraient faire du bien.

COROLLAIRE.

Des vertus homilétiques* ou vertus de politesse.

§ XLVIII.

C'est aussi un devoir, tant envers soi-même qu'envers autrui, que d'avoir dans les relations sociales une certaine perfection morale (*officium commercii, sociabilitatis*); de ne point s'isoler (*separatistam agere*). C'est aussi un devoir, il est vrai, de se faire centre immobile de ses principes; mais toutefois en considérant le cercle tiré autour de soi comme une partie de celui qui embrasse tout, en un mot, comme une partie de l'esprit cosmopolitique. C'est un devoir, non pas de se proposer pour fin le bonheur du genre, mais seulement de cultiver les moyens qui tendent indirectement à ce noble but, tels que l'urbanité dans le commerce des hommes, l'humeur douce et aisée, l'amour et

---

* Ὁμιλητικὸς, qui est d'un commerce agréable.

la considération mutuelle (l'affabilité et la bienséance, *humanitas æsthetica et decorum*), et de mêler ainsi les grâces aux vertus.

Ce sont, il est vrai, des *formes extérieures* seulement, ou des accessoires[*], qui donnent une belle apparence de vertu sans tromper personne, chacun sachant à quoi s'en tenir à cet égard : elles ne valent que comme billon ; mais elles sont néanmoins favorables au sentiment moral, par l'effort qu'elles font pour approcher le plus près possible de la vérité, dans l'*affabilité*, la *prévenance*, la *politesse*, l'*hospitalité*, la *douceur* dans la controverse sans dispute ; toutes choses qui, comme simples formes obligatoires de sociabilité, obligent en même temps les autres, et tendent ainsi à l'amour de la vertu, puisqu'au moins elles la font *aimer*.

Mais on demande ici, si l'on doit rechercher la société des méchants. On ne peut éviter leur rencontre ; car il faudrait pour cela sortir du monde ; et même notre jugement à leur égard est incompétent. — Mais dès que le vice est scandale, c'est-à-dire dès qu'il est un exemple public du mépris des lois strictes du devoir, et qu'il entraîne l'infamie, alors tout commerce antérieur doit cesser complètement, ou du moins

[*] Παρεργα.

doit devenir aussi rare que possible, quand même les lois civiles ne fletriraient pas ce vice, parce que la continuation de ce commerce porte une juste atteinte a l'honneur, qui des lors s'affiche a vendre a quiconque est assez riche pour corrompre le parasite par les delices de la volupte

DEUXIÈME PARTIE.

MÉTHODOLOGIE

MORALE.

CHAPITRE PREMIER.

DIDACTIQUE MORALE.

§ XLIX.

Le concept de la vertu suppose assez, sans qu'on soit obligé de recourir par l'expérience aux connaissances anthropologiques, que la vertu doit être acquise (et qu'elle n'est point innée); car la faculté morale de l'homme ne serait pas vertu, si elle n'était produite par la *force* de la résolution, dans son combat avec des inclinations contraires puissantes. La vertu est donc le produit de la raison pratique pure, en tant que cette raison, dans la conscience de sa supériorité, vient à dominer cette inclination, à l'aide de la liberté.

De ce que la morale n'est pas innée, il suit qu'elle peut et doit être *apprise* : la morale est donc une *science*. Mais comme la simple science de ce qu'il faut faire pour se conformer au concept de vertu ne donne point la force d'appliquer la règle, les stoïciens pensaient que la vertu ne peut *s'apprendre* par la simple représentation du devoir à l'aide d'exhortations et des remontrances*; mais qu'elle devait encore être pratiquée et *exercée* par les périls dans ce combat contre l'ennemi intérieur**; car on ne *peut* pas tout, par cela seul qu'on le *veut*, si auparavant l'on n'a essayé et exercé ses forces; mais la *résolution* doit tout-à-coup en être prise fermement, parce qu'autrement le sens moral (*animus*) se souillerait dans la capitulation avec le vice, pour l'abandonner insensiblement, et ne pourrait produire aucune vertu (fondée sur un principe unique.)

§ L.

Quant à la méthode scientifique (car tout enseignement scientifique doit être *méthodique*, autrement le traité en serait *désordonné*), elle ne peut être *décousue*, mais elle doit être *systé*-

---

* Παραινετικὴ,   ** Ἀσκητικὴ.

matique, si l'on veut que la morale représente une *science*. — Mais le traité peut être ou *acroamatique**, lorsque ceux à qui l'on parle sont simplement auditeurs ; ou *érotématique***, lorsque celui qui enseigne demande à ses auditeurs ce qu'il veut leur enseigner. Cette méthode érotématique se subdivise en *dialogique**** (ce qui a lieu lorsque celui qui enseigne s'adresse à la *raison* de ses disciples); et en *catéchétique*****, ce qui arrive lorsque le maître ne s'adresse qu'à la mémoire. Car si l'on veut tirer quelque chose de la raison d'un autre, on ne peut le faire que par le dialogue, c'est-a-dire qu'autant que le maître et le disciple s'interrogent et se répondent mutuellement. Le maître, par ses questions, conduit tellement les pensées du disciple, qu'il développe en lui, par des exemples choisis, le fondement de notions certaines (il est en quelque sorte l'accoucheur de ses pensées). L'élève s'aperçoit de cette manière qu'il peut penser aussi, et par ses questions réciproques (sur l'obscurité ou les opinions douteuses avancées contre lui), fournit aussi à son maître l'occasion d'*apprendre* comment il doit interroger, suivant le proverbe : *docendo discimus ;* car une demande à faire a la logique, et qui n'a pas en-

---

* Ἀκροαματικό.   *** Διαλογικό.
** Ἐρωτηματικό.   **** Κατηχιστικό.

core été assez réfléchie, c'est qu'elle doit fournir des règles sur la manière de *rechercher* utilement, c'est-à-dire non-seulement pour les jugements définitifs, mais aussi pour les jugements préparatoires (*judicia prævia*), qui conduisent aux pensées ; règle qui peut s'adresser au mathématicien lui-même pour faciliter ses découvertes, et qu'il met souvent même en pratique.

§ LI.

Le premier et le plus *indispensable* moyen pour *enseigner* la morale à un élève encore tout-à-fait ignorant, c'est un *catéchisme* moral. Ce catéchisme doit précéder celui de la religion, et ne doit point être enseigné comme par parenthèse, concurremment avec la doctrine religieuse, mais séparément, comme un tout indépendant : car le passage de la morale à la religion ne peut s'effectuer que par des principes moraux purs ; autrement l'enseignement de la religion, sa foi, ne serait pas sans mélange, en un mot, serait impur. — C'est pourquoi de célèbres et très-dignes théologiens ont craint de composer un catéchisme pour la partie morale de la religion, et en même temps de garantir ce catéchisme ; quand on devait croire cependant que c'était la moindre chose que l'on pût attendre du grand trésor de leur érudition.

Au contraire, la composition d'un catéchisme *moral* pur, comme doctrine élémentaire des devoirs moraux, n'est point sujette à de semblables scrupules, ni à de telles difficultés ; parce qu'il peut être expliqué par le sens commun (quant à son contenu), et qu'il doit (quant à la forme) être composé conformément aux règles didactiques du premier enseignement. Mais le principe formel de ce genre d'instruction ne permet pas, eu égard à la fin qu'on se propose, l'emploi de la méthode *dialogico-socratique* ; parce que l'élève ne sait pas encore comment il doit questionner : le maître interroge donc seul. Mais la réponse qu'il obtient méthodiquement de la raison de l'élève, doit se faire par des termes déterminés, difficiles à remplacer par d'autres, et qui par conséquent soient confiés à sa *mémoire :* car c'est en cela que la méthode *catéchétique* se distingue soit de la méthode *acroamatique* (où le maître parle seul), soit de la méthode *dialogique* (où, de part et d'autre, l'on questionne et l'on répond).

§ LII.

Le moyen *expérimental* (technique) de l'éducation morale est le bon *exemple** dans le maître lui-même (qui doit être d'une conduite édifiante), et les bons *conseils* dans les autres ; car l'imitation est, dans l'homme encore inculte, le premier mobile de la volonté vers l'admission des règles qu'il se fait ensuite à lui-même. — L'habitude est l'abandon continuel au penchant, sans qu'aucune règle puisse s'établir par un consentement souvent réitéré ; c'est le mécanisme d'une manière de sentir, au lieu d'un principe pour une manière de penser : ce qui fait qu'il est plus difficile de *désapprendre* par la suite, que d'*apprendre*. — Mais quant à la force de l'*exemple* (soit du bien, soit du mal) qui s'offre au penchant pour être imité ou rejeté, il faut dire que la conduite d'autrui ne peut servir

---

* *Beyspiel*, mot allemand qu'on emploie ordinairement comme synonyme d'*Exempel* (exemple), n'en a pas cependant la signification ; car prendre exemple (*Exempel*), et donner un exemple (*Beyspiel*) pour l'intelligence d'une expression, sont deux idées totalement différentes. L'exemple (*Exempel*) est un cas spécial d'une règle *pratique*, en tant qu'elle prescrit l'action ou l'omission au contraire, un exemple (*Beyspiel*), n'est que le particulier (*concretum*) représenté comme contenu dans le général quant au concept (*abstractum*), c'est une simple exposition théorique d'un concept. N. d. T.

de règle à la nôtre ; car cette règle consiste uniquement dans l'autonomie*subjective de la raison pratique de chacun : par conséquent la conduite d'autrui ne doit point nous servir de modèle, mais seulement la loi. Le précepteur ne dira donc point à son élève vicieux : Prends exemple sur ces gentils petits garçons (bien rangés, studieux); car l'élève se trouverait placé par là sous un jour si défavorable, qu'il les prendrait en aversion. Le bon exemple (conduite exemplaire) ne doit pas servir de modèle, mais il doit seulement servir à prouver que l'on peut faire ce que prescrit le devoir. La comparaison avec un autre homme, quel qu'il soit, ne doit pas fournir au précepteur une règle infaillible d'éducation, mais bien la comparaison avec l'*idée* de l'humanité comme elle doit être.

OBSERVATION.

Fragment d'un Catéchisme moral.

Le précepteur demande à la raison de son élève ce qu'il veut lui enseigner ; et si par hasard celui-ci ne pouvait pas répondre aux ques-

---

* Ἀυ-ονομια.

tions, il lui suggère habilement les réponses (en y conduisant sa raison).

Le Précepteur. Que désirez-vous le plus ardemment, ou même quel est votre unique désir dans la vie?

L'élève (ne répond pas.)

Le Pr. Que *tout* et *toujours* vous succède selon vos désirs et votre volonté. — Comment s'appelle un pareil état?

L'él. (ne répond rien.)

Le Pr. On l'appelle *bonheur* (prospérité constante, satisfaction dans la vie, parfait contentement de sa position). Maintenant, si vous jouissiez de toute la félicité (possible en ce monde), la garderiez-vous tout entière pour vous seul, ou bien en feriez-vous part à votre prochain?

L'él. Je lui en ferais part; je rendrais aussi les autres hommes heureux et contents.

Le Pr. Cela prouve bien que vous avez un assez bon *cœur;* faites voir que vous êtes aussi doué d'un bon *jugement*. — Donneriez-vous bien au paresseux des coussins moelleux pour qu'il y pût passer sa vie dans une douce nonchalance? donneriez-vous à l'ivrogne du vin, et tout ce qui peut occasionner l'ivresse? au fourbe, un extérieur avenant et des manières agréables pour qu'il trompât plus facilement les autres? à l'homme violent, l'audace et la force du poignet pour qu'il pût terrasser tout le monde? Ce sont là autant de moyens que chacun ambitionne pour être heureux à sa manière.

L'él. Point du tout.

Le Pr. Vous voyez donc bien que quand même vous auriez à votre disposition tout le bonheur possible, et que vous seriez animé de la meilleure volonté, vous ne pourriez cependant le départir sans réflexion à celui qui le désirerait; mais qu'il faudrait examiner auparavant si chacun en particulier est *digne* du bonheur auquel il aspire. — Mais pour ce qui vous regarde, hésiteriez-vous le moins du monde à vous procurer sur-le-champ tout ce que vous croyez nécessaire à votre bonheur.

L'él. Certainement.

Le Pr. Ne vous viendrait-il pas aussi dans la pensée de vous demander si vous êtes digne du bonheur?

L'él. Oui.

Le Pr. Or, ce qui en vous soupire après le bonheur, c'est l'*inclination;* mais ce qui soumet votre inclination à la condition de mériter auparavant ce bonheur, c'est votre *raison;* et c'est la liberté de votre volonté qui fait que vous pouvez contenir et vaincre vos penchants à l'aide de la raison. Pour savoir maintenant par où vous devez commencer pour participer au bonheur, sans cependant en être indigne, vous n'en trouverez la règle et l'instruction que dans votre *raison ;* ce qui veut dire, qu'il n'est pas nécessaire d'apprendre de l'expérience ou d'autrui, par l'éducation, cette règle de votre con duite ; votre raison propre vous apprend, vous ordonne à merveille ce que vous devez faire. V.g. : si vous vous trouvez dans le cas de vous procurer un immense avantage à vous ou à vos amis, mais par un mensonge de propos délibéré qui cependant ne préjudicie à personne, que vous dit à ce sujet la raison ?

L'él. Que je ne dois pas mentir, quelque grand que puisse être l'avantage à retirer de mon mensonge, pour moi ou pour mes amis. Le mensonge *avilit* et rend l'homme *indigne* du bonheur. — C'est ici une contrainte absolue par une injonction (ou une défense) de la raison, à laquelle je dois obéir, en face de laquelle toutes mes inclinations doivent se taire.

Le Pr. Comment appelle-t-on cette nécessité imposée immédiatement à l'homme par la raison, d'agir conformément à la loi ?

L'él. On l'appelle *devoir*.

Le Pr. L'accomplissement du devoir est donc pour l'homme la condition universelle et unique de mériter le bonheur, et ce mérite est une seule et même chose avec l'accomplissement du devoir. — Mais si nous avons conscience d'une volonté bonne et efficace, qui nous rend à nos yeux digne d'être heureux (qui du moins ne nous en rend pas indigne), pouvons-nous y fonder l'espérance certaine d'être un jour heureux?

L'él. Nullement ; l'espoir du bonheur ne peut avoir cette volonté pour base : car il s'en faut beaucoup que nous puissions toujours nous procurer le bonheur, et le cours de la nature ne s'accommode pas de lui-même au mérite ; le sort de la vie (notre bien-être en général) dépend bien plutôt de circonstances qui sont loin d'être toutes au pouvoir de l'homme. Notre bonheur n'est donc toujours qu'un souhait, sans qu'il puisse jamais se convertir en espérance, à moins qu'une puissance étrangère ne s'en mêle.

Le Pr. La raison n'a-t-elle pas pour elle des motifs d'admettre réellement une telle puissance, distribuant le bonheur suivant le mérite ou démérite des hommes, commandant à la nature entière, et régissant le monde avec une sagesse infinie, c'est-à-dire des raisons de croire à un Dieu?

L'él. Oui, car nous voyons dans les œuvres de la nature, autant que nous pouvons en juger, une sagesse si vaste et si profonde, que nous ne pouvons l'expliquer que par l'art inexprimable d'un créateur du monde, de la part duquel nous nous promettons avec raison un gouvernement non moins sage dans l'ordre moral, qui fait le plus bel ornement du monde. Nous pouvons donc espérer de *participer* un jour au *bonheur,* si nous ne nous en rendons pas *indignes* par la transgression du devoir.

Dans cette catéchèse, qui doit se faire sur tous les articles de la vertu et du vice, il faut bien remarquer que le précepte du devoir ne se fonde pas sur les avantages ou les inconvénients qui découlent de son observance pour l'homme qui y est obligé, ni même sur les bons résultats qui pourraient en revenir aux autres, mais sur le principe moral parfaitement pur ; et qu'on ne fait mention de ces avantages et de ces inconvénients que transitoirement, comme superflus, et comme des ingrédients servant simplement de véhicules pour le palais des hommes faibles par nature : la *honte,* et non le *préjudice* (pour l'agent lui-même), doit se présenter partout. Car si la dignité de la vertu dans les actions ne s'élève pas au-dessus de tout, alors le concept du devoir disparaît et s'évanouit en simples prescrits pragmatiques* ; alors l'homme n'a plus conscience de sa noblesse perdue ; elle devient vénale, et peut être achetée pour ce que ses penchants trompeurs lui en présentent.

* Προγμυν-ννς

Or, si cela s'explique sagement et d'une manière exacte par la propre raison de l'homme, suivant la différence des degrés d'âge, du sexe et de l'état, que l'homme parcourt insensiblement, il reste néanmoins quelque chose à juger, qui meut l'ame intérieurement, et met l'homme dans une position où il ne peut s'observer qu'épris d'admiration à l'aspect des principes primitifs qu'il recèle; et l'impression qu'il en reçoit reste ineffaçable. — Si on lui résume encore une fois brièvement ses devoirs, suivant leur ordre respectif, vers la fin de son instruction, et qu'on lui fasse observer à chacun d'eux que tous les maux, toutes les afflictions, toutes les douleurs de la vie, même l'imminence de la mort, peuvent l'accabler s'il reste fidèle à son devoir, sans qu'on puisse cependant lui ravir la conscience d'être au-dessus de tous ces maux; alors il s'adresse tout naturellement la question de savoir qu'est-ce qui ose en lui lutter contre toutes les forces de la nature, tant internes qu'externes, et qui peut les vaincre même si elles se commettent avec les principes moraux? Si cette question, dont la solution est au-dessus des forces de la raison spéculative, et qui se présente cependant d'elle-même, est adressée au cœur, alors l'incompréhensibilité même dans cette connaissance de soi, doit donner à l'ame une élévation qui la porte d'autant plus a rester fidèle au devoir, qu'elle est d'ailleurs plus vivement sollicitée de s'en écarter.

Dans cet enseignement moral catéchétique, il importe grandement pour l'éducation morale d'élever, dans chaque analyse des devoirs, quelques questions douteuses, et d'en faire chercher la solution aux enfants réunis, pour savoir comment chacun d'eux croirait devoir la résoudre. — Non-seulement parce que cette manière de *cultiver* la *raison* est surtout très-appropriée à la capacité des commencants (parce que la raison, dans les questions de morale, peut décider beaucoup plus facilement que dans la spéculation), et que c'est ainsi une manière très-propre d'exercer l'esprit de la jeunesse ; mais surtout parce qu'il est dans la nature de l'homme d'*aimer* ce en quoi et dans l'examen de quoi il est parvenu jusqu'à la science (qui alors ne lui est pas étrangère) ; et de cette manière l'élève *prend* peu à peu *plaisir* à la moralité.

Mais il est de la plus grande importance dans l'éducation de ne point enseigner concurremment le catéchisme moral et le catéchisme religieux : il ne l'est pas moins de faire précéder l'enseignement du premier, en ayant un très-grand soin d'apporter à son explication la plus grande clarté, et d'entrer dans les plus grands details. Car autrement la morale est convertie en hypocrisie par la religion, qui ne fait avouer le devoir que par crainte, et parce que la fidélité avec laquelle on semble le remplir n'est point cordiale.

SECTION II.

MORALE ASCÉTIQUE.

§ LIII.

Les règles de la pratique de la vertu (*exercitionum virtutis*) sont relatives aux deux dispositions du cœur, le *courage* et la *satisfaction* (*animus strenuus et hilaris*), où l'on doit être dans l'accomplissement du devoir. Car la vertu a des obstacles à combattre : ce n'est souvent pas trop de toutes ses forces pour les vaincre. Beaucoup des plaisirs de la vie doivent aussi être dédaignés, plaisirs dont la perte peut quelquefois attrister l'ame, rendre l'esprit morose et difficile. Ce que l'on ne fait pas avec plaisir, mais seulement par esprit de servitude et de contrainte, n'a aucune valeur morale interne pour celui qui obéit ainsi au devoir ; et l'occasion de pratiquer ce devoir est évitée avec le plus grand soin.

La pratique de la vertu, c'est-à-dire l'*ascéti-*

que morale, par rapport au principe qui prescrit le courage et la satisfaction dans l'exercice de la vertu, adopte la devise des *stoïciens :* Accoutume-toi aux incommodités de la vie, et ne sois pas esclave de ses commodités (*sustine et abstine*). C'est une espèce de *diététique* * pour se conserver moralement sain. Mais la *santé* n'est qu'un bien-être négatif ; elle ne peut être sentie elle-même : il faut qu'il y ait encore quelque chose qui donne la jouissance de la vie, et qui soit cependant moral. Telle est, dans l'idée d'Épicure, la satisfaction constante de l'homme vertueux. Car, qui doit avoir plus de raisons d'être content de soi, et ne doit pas trouver dans cet état même un devoir de n'en point sortir, et d'acquérir l'habitude de la paix intérieure, si ce n'est celui qui, conscient de n'avoir violé aucun de devoir à dessein, est certain de ne point tomber dans une semblable faute ?

Hic murus aheneus esto, etc. Hor

— Au contraire, l'ascétique des monastères, qui, inspirée par une crainte superstitieuse, n'a d'autre objet que de se supplicier soi-même et de se torturer le corps, n'a rien de commun avec la vertu : elle n'est qu'une expiation fanatique, par des peines qu'on s'inflige soi-même

* Διαιτη-ική.

pour *effacer* des fautes dont on devrait seulement *se repentir* moralement (c'est-à-dire par la résolution de s'amender); ce qui, dans une peine volontairement choisie et exécutée sur soi, est une contradiction (car la peine doit toujours être infligée par un autre); et loin de produire l'esprit de contentement qui doit accompagner la vertu, elle ne peut avoir lieu que par une haine secrète pour le précepte de la vertu. — C'est pour cette raison que la gymnastique morale ne consiste que dans la victoire mesurée qu'on remporte sur ses appétits naturels, pour pouvoir se maîtriser dans les circonstances périlleuses pour la moralité ; exercice qui rend ferme et courageux, et satisfait de la conscience où l'on est d'avoir recouvré sa liberté. *Se repentir* de quelque chose (ce qui est inévitable dans la *réminiscence* de certaines fautes passées, qu'il est même de devoir de ne point oublier), et s'infliger une *pénitence,* comme le jeûne, v.g., non pas dans une vue diététique mais pieuse, sont deux dispositions prétendues morales fort différentes. La première, triste et difficile, rend la vertu odieuse, et l'isole de tout ce qui doit la faire chérir. La discipline que l'homme exerce sur lui-même ne peut donc être méritoire et exemplaire que par la joie qui l'accompagne.

CONCLUSION.

La religion, comme *science des devoirs* envers *Dieu*, est placée hors des bornes de la *philosophie morale pure*.

Protagoras d'Abdère commença son livre par ces mots : « Y a-t-il des dieux, ou n'y en a-t-il « pas ? c'est ce que je ne saurais dire. » Il fut pour cela chassé de l'Attique, et ses livres furent brûlés en public. (*Quint., Inst. or., lib.* III, c. 1.) —En quoi ses juges se montrèrent, comme *hommes*, très-injustes à son égard ; mais comme *fonctionnaires publics*, comme juges, ils agirent *justement* et conséquemment : car comment aurait-on pu prêter serment, s'il n'avait été ordonné * publiquement et légalement *de par le magistrat souverain* (de par le sénat), qu'il y a des dieux ** ?

---

* Cet ordre (*befohlen*) paraît absurde ; c'est sûrement pour décider (*bestimmen*), ce qui est déjà beaucoup. N. du T.

** Plus tard, il est vrai, un très-sage législateur en morale a complétement interdit le serment comme absurde, et comme très-voisin du blasphème : mais sous le rapport politique on croit encore ne pas pouvoir se passer de ce moyen mécanique pour l'administration de la justice publique, et l'on a imaginé des interprétations pour échapper à cette prohibition. Comme il serait absurde de jurer d'abord qu'il y a un Dieu (puisqu'il faut nécessairement l'admettre pour pouvoir jurer en général), reste à savoir si un serment serait possible, et s'il pourrait avoir de la

Cette croyance une fois accordée, et dès qu'il sera convenu que la doctrine religieuse est une partie intégrante de la *science* universelle des *devoirs*, il est question alors de poser les bornes de cette espèce de *science* dont la doctrine religieuse fait partie ; de savoir si elle doit être considérée comme une partie de la morale (car il ne peut s'agir ici du droit des hommes entre eux) ; ou si elle doit être considérée comme tout-à-fait en dehors du domaine de la philosophie morale pure.

La *forme* de toute religion, si l'on entend par là « l'ensemble de tous les devoirs *comme* préceptes divins, » appartient à la philosophie morale, parce qu'il ne s'agit en cela que du rapport de la raison à l'*idée* qu'elle se fait à elle-même de Dieu, et que le devoir religieux n'est point encore alors considéré comme devoir *envers* Dieu, envers un être existant hors de l'idée

---

force, quand il serait fait sous la condition *qu'il y a* un Dieu (quoique, comme Pythagore, on ne décide rien à ce sujet). — Dans le fait, tout serment fait sincèrement et avec réflexion ne peut avoir un autre sens : car, que quelqu'un s'offre à jurer simplement qu'il y a un Dieu, cette offre ne semble rien avoir de dangereux, qu'il croie qu'il y ait un Dieu ou qu'il n'y croie pas. Y en a-t-il un (dira le trompeur), c'est précisément ce que je dis : n'y en a-t-il pas, alors il ne me démentira pas, et de cette manière je ne cours aucun danger. — Mais n'y a-t-il pas en cela, *s'il y a un Dieu*, quelque danger d'être surpris à mentir dans le dessein même de tromper Dieu ?

que nous nous en sommes faits, puisque nous faisons alors abstraction de son existence. — Il n'y a qu'une raison subjectivement logique qui nous doive faire regarder tous les devoirs de l'homme conformément à ce *formel* (rapport de la raison à une volonté divine donnée *à priori.*) Nous ne pouvons en effet nous représenter commodément l'obligation (contrainte morale) sans un être *étranger* et sans sa volonté (dont la raison législatrice universelle n'est que l'interprète), en un mot, sans nous représenter *Dieu*. — Mais ce devoir, *par rapport* à la Divinité (proprement par rapport à l'idée que nous nous faisons d'un tel être), est un devoir de l'homme envers lui-même, c'est-à-dire, non pas l'obligation objective de rendre certains devoirs à un autre, mais seulement subjective pour l'affermissement du ressort moral dans notre propre raison législative.

Quant au *fonds* de la religion (l'ensemble des devoirs *envers* Dieu, c'est-à-dire le culte qui doit lui être rendu), il ne pourrait contenir les devoirs particuliers qui ne dérivent point de la raison législatrice universelle; devoirs que nous ne pouvons par conséquent connaître *à priori*, mais d'une manière empirique seulement; devoirs qui, par conséquent, n'appartiennent qu'à la religion révélée, comme preceptes divins, devoirs enfin qui supposent l'existence de Dieu non pas simplement son idée sous le point de vue pratique, non pas arbitrairement, mais comme si cette existence pouvait être établie, représentée dans l'expérience, immédiatement ou médiatement. Mais une semblable religion, dès qu'elle serait une fois établie et prouvée, ne ferait plus partie de la *morale philosophique pure.*

La *religion*, comme science des devoirs envers Dieu, est donc entièrement placée hors des bornes de la morale philosophique pure, ce qui justifie l'auteur du présent ouvrage de n'avoir point fait entrer dans la morale, comme complément, la religion entendue dans ce sens, ainsi que cela se pratiquait ordinairement.

Il peut être question, à la vérité, d'une « religion comprise *dans les limites* de la simple raison, » mais qui ne dérive pas simplement *de* la raison, fondée qu'elle est en même temps sur la critique historique et sur la doctrine révélée, et qui a simplement pour objet l'*accord* de la raison pratique pure avec la doctrine révélée (faisant voir que la raison n'est point opposée à la religion). Mais alors la doctrine religieuse n'est point *pure*, mais *appliquée* à l'histoire dont il est question ; doctrine qui ne peut dès-lors avoir sa place dans un traité de *morale*, comme philosophie pratique pure.

OBSERVATION FINALE.

Tous les rapports moraux des êtres raisonnables qui contiennent un principe d'accord entre la volonté d'une personne et celle d'une autre, peuvent se réduire à l'*amour* et au *respect;* et si ce principe est pratique, la cause de la détermination de la volonté se réduit à la *fin* d'autrui et à son *droit,* par rapport à l'amour, par rapport au respect. Si parmi ces êtres il en est un qui n'a que des droits purs et nul devoir envers tous les autres (Dieu), ceux-ci n'ont donc envers lui que des devoirs purs et pas le moindre droit ; alors le principe du rapport moral entre eux est *transcendant*. Au contraire, le principe du rapport moral de l'homme envers ses semblables, la volonté de chacun d'eux étant mutuellement circonscrite, est un principe *immanent**.

La fin active de Dieu, par rapport au genre humain (à sa création et à sa conservation), ne peut se concevoir que comme fin *d'amour,*

---

* Un principe transcendant est celui qu'on ne *peut* employer qu'en dehors de l'expérience possible. Ces principes sont ainsi appelés par opposition aux principes *immanents,* également *a priori,* mais qui néanmoins se renferment dans les bornes de l'expérience possible.

N. du T. *J. Crit. de la raison pure.*

c'est-à-dire que cette fin est le *bonheur* de l'homme. Mais le principe de la volonté divine par rapport au *respect*, principe limitant les effets de l'amour, principe du droit divin, ne peut être que le principe de la *justice*. On pourrait dire en quelque sorte (humainement parlant) : Dieu a créé des êtres raisonnables par une espèce de nécessité d'avoir quelque chose hors de lui qu'il dût aimer, ou même dont il pût être aimé.

Mais ce que la *justice* divine exige de nous, agissant même en cela comme justice *vengeresse*, nous paraît être dans le jugement de notre raison propre, non-seulement bien suffisant, mais plus que suffisant (parce que le principe est *coércitif*). — Car la *récompense* (*præmium, remuneratio gratuita*), ne peut dériver de la justice d'un être suprême envers des êtres qui n'ont que des devoirs purs et pas de droits par rapport à lui, mais elle dérive de l'amour et de la bonté (*benignitas*) : encore moins ces êtres peuvent-ils exiger une *récompense* (*merces*); et une *justice rémunératrice* (*justitia**) est une contradiction dans le rapport de Dieu aux hommes.

Mais il y a cependant dans l'*idée* de l'exer-

---

* βραβευτικη

cice de la justice d'un être qui ne peut rien perdre de ses fins quelque chose qui ne se concilie pas facilement avec le rapport de l'homme à Dieu, savoir, l'idée d'une *lésion* qui pourrait être faite à l'infini, a l'inaccessible régulateur des mondes : car il n'est point ici question des violations de droit que les hommes peuvent commettre entre eux, et sur lesquelles Dieu prononce en sa qualité de juge vengeur, mais d'une atteinte que Dieu même et son droit pourraient recevoir d'une transgression dont le concept est *transcendant*, c'est-à-dire tout-à-fait au-dessus du concept de toute justice pénale dont nous pourrions donner un exemple parmi les hommes, et qui a des principes transcendants qui ne peuvent entrer en comparaison avec ceux que nous appliquons dans les différents cas de la vie, et qui par conséquent sont complètement inutiles à notre raison pratique.

L'idée d'une justice pénale de Dieu est ici personnifiée : ce n'est point un être particulier jugeant qui l'applique (car il y aurait des contradictions entre cette justice et les principes du droit); mais c'est la *Justice*, comme *substance*, *être* (qu'on appelle d'ailleurs *éternelle* justice), qui, semblable au *Destin* des anciens poètes philosophes, est au-dessus de Jupiter lui-même, et prononce ses arrêts suivant une nécessité de fer inflexible, que nous ne pouvons pénetrer. — Donnons-en des exemples.

La peine (suivant Horace) ne perd pas de vue le coupable, qui marche audacieusement devant elle, mais elle lui boîte sans cesse après, jusqu'à ce qu'elle l'atteigne. — Le sang injustement répandu crie vengeance. — Le crime ne peut rester impuni. La peine n'atteint-elle pas le coupable, sa postérité paiera pour lui : ou bien encore, s'il ne reçoit pas ici-bas le châtiment mérité, il lui sera infligé dans une vie (après la mort*) qui n'est établie, qui n'est crue sans peine, qu'afin que l'éternelle justice soit satisfaite. — Je ne veux point, disait un jour un prince d'un sens droit, de qui l'on sollicitait la grâce d'un duelliste, je ne veux point, disait-il, que le meurtre puisse prendre pied dans mes états par la grâce que j'accorderais à

---

* Il ne faut pas même faire intervenir ici l'hypothèse d'une vie future pour représenter cette peine menaçante comme parfaite dans son accomplissement, car l'homme, considéré quant à la moralité, est jugé comme objet invisible en présence d'un juge invisible, et non suivant les conditions du temps il est seulement question de son existence. Sa vie sur la terre, qu'elle soit longue ou courte, qu'elle soit même éternelle, n'est que son existence phénoménale, et le concept de justice n'a besoin d'aucune détermination plus précise car aussi la foi en une vie future ne précède pas proprement pour que la justice exécutrice s'y manifeste, mais c'est bien plutôt, au contraire, de la nécessité de la punition que l'on conclut la vie future.

un duelliste assassin, si j'écoutais vos prières.
— La *coulpe* doit être acquittée (*culpa ex peccato delenda est*), dût l'innocent se donner en expiation ; (mais les souffrances qu'il endure ne peuvent s'appeler peines, — car il n'a point péché lui-même). On voit partant que la justice à laquelle on attribue cette sentence de condamnation, n'est pas une personne qui administre (car elle ne pourrait prononcer ainsi sans faire injustice aux autres); mais que la simple justice, comme principe transcendant attaché à un sujet invisible, détermine le droit de cet être : ce qui est d'accord, il est vrai, avec la *forme* de ce principe, mais qui en contredit le *fonds*, c'est-à-dire la *fin*, qui est toujours le bonheur de l'humanité. — Car sans doute, dans le grand nombre des coupables qui grossissent sans cesse le nombre de leurs crimes, la justice vengeresse ferait consister la *fin* de la création non dans l'*amour* du créateur (comme on doit néanmoins le penser), mais dans la stricte exécution du *droit* (à faire du droit la *fin*, qui consiste dans la *gloire* de Dieu) ; ce qui, puisque la justice n'est que la condition restrictive de la bonté, semble contredire les principes de la raison pratique, suivant lesquels la création du monde n'aurait pas dû avoir lieu, puisqu'elle devait amener un résultat si opposé au dessein de son

auteur, qui ne peut avoir que l'amour pour principe.

On voit par là que dans la morale, comme philosophie pratique pure de la législation interne, les rapports moraux de l'*homme* envers l'homme sont les seuls à nous compréhensibles ; mais que pour ce qui regarde le rapport entre Dieu et l'homme, il nous est absolument impossible d'y atteindre : ce qui confirme ce qui a été affirmé plus haut, que l'Ethique ne s'étend pas au-delà des bornes des devoirs de l'homme envers lui-même et envers les autres hommes.

FIN.

TABLE DES MATIÈRES.

Avertissement du traducteur............ pag. VII
Préface de l'auteur....................... 1
Introduction à la morale................ 9
Exposition du concept d'une morale........ 10
Exposition du concept d'une fin qui est en même temps devoir...................... 15
De la manière de penser une fin qui est en même temps devoir...................... 20
Quelles sont les fins qui sont en même temps des devoirs............................ 22
Explication de ces deux concepts........... ibid.
§ I. *Perfectionnement de soi-même*........ ibid.
§ II. *Bonheur d'autrui*................. 26
La morale ne donne pas des lois pour les actions (c'est l'objet du droit); elle n'en donne que pour les règles des actions............. 28
Les devoirs moraux sont d'une obligation *plus large*; les devoirs de droit sont au contraire d'une obligation plus *stricte*............ 30
Exposition des devoirs moraux comme devoirs larges............................ 33
§ I. *Perfectionnement propre comme fin-devoir*.. ibid.
§ II. *Bonheur d'autrui comme fin-devoir*...... 36
Quest-ce que le devoir moral............. 38

Le premier principe du droit a été *analytique*;
celui de la morale est *synthétique*.......... 42
Préliminaires esthétiques sur la capacité de l'esprit
pour les concepts de devoir en général........ 46
§ I. *Du sens moral*......................... 47
§ II. *De la conscience*...................... 49
§ III. *De l'amour du prochain*................ 51
§ IV. *Du respect*........................... 53
Principes universels de la métaphysique des mœurs
dans le traité d'une morale pure............ 54
De la vertu en général...................... 57
Du principe de distinction entre la morale et le
droit..................................... 60
De la *morale* suivant le principe de la *liberté* intérieure.................................... 61
Pour être vertueux il faut d'abord se commander. 62
L'*apathie* ou l'insensibilité considérée comme force,
est une condition nécessaire de la vertu....... 64
Notions préliminaires sur la division de la morale.. 66

PREMIÈRE PARTIE.

DOCTRINE MORALE ÉLÉMENTAIRE.

LIVRE PREMIER.

DES DEVOIRS ENVERS SOI-MÊME EN GÉNÉRAL.

INTRODUCTION. § I. Le concept de devoir envers
soi-même renferme (au premier aperçu) une
contradiction............................... 73
§ II. Il y a cependant des devoirs de l'homme
envers lui-même............................ 74
§ III. Solution de cette apparente antinomie... 75

§ IV. Du principe de la division des devoirs envers soi-même............................ pag. 76

PREMIÈRE DIVISION

DES DEVOIRS PARFAITS ENVERS SOI-MÊME.

CHAPITRE PREMIER.

DEVOIRS DE L'HOMME ENVERS LUI-MÊME COMME ÊTRE ANIMAL.

§ V. Devoir de la conservation................ 80
Art. I. Du suicide........................ 81
Art. II. De la souillure de soi-même par la volupté................................. 85
Art. III. De l'abrutissement occasionné par l'usage immodéré des aliments.................. 90

CHAPITRE II.

Devoir de l'homme envers lui-même comme être moral seulement...................... 94
Art. I. Du mensonge.................... ibid.
Art. II. De l'avarice..................... 100
Art. III. De la basse adulation............... 104

CHAPITRE III.

Section I. Devoirs de l'homme envers lui-même comme juge-né de lui-même............ 110
Sect. II. Du premier de tous les devoirs envers soi-même........................... 116
Sect. épisodique. De l'*amphibolie* des concepts moraux de réflexion : que ce qui est devoir de l'homme envers lui-même doit l'être envers les autres.............................. 118

DEUXIÈME DIVISION

DES DEVOIRS ENVERS SOI-MÊME.

DES DEVOIRS IMPARFAITS DE L'HOMME ENVERS LUI-MÊME.

Sect. I. Du devoir envers soi-même de développer et d'améliorer son perfectionnement, c'est-à-dire sous le rapport pratique.................... 122
Sect. II. Du devoir envers soi-même dans l'accroissement de son perfectionnement moral, c'est-à-dire sous le rapport purement moral.. 125

LIVRE II.

DES DEVOIRS MORAUX ENVERS SOI-MÊME.

CHAPITRE PREMIER.

DES DEVOIRS ENVERS LES AUTRES CONSIDÉRÉS SIMPLEMENT COMME HOMMES.

Sect. I. Du devoir de l'amour envers autrui.... 128
Du devoir de l'amour en particulier............ 132
Division des devoirs de l'amour................ 136
Du devoir de la bienfaisance.................. *ibid.*
Du devoir de la reconnaissance................ 140
La participation aux sentiments d'autrui est en général un devoir........................... 144
Des vices de la misanthropie opposés (*contrariè*) à la philantropie............................ 148
Sect. II. Des devoirs moraux envers les autres hommes concernant le respect que nous leur devons................................... 155
Tout homme peut justement prétendre à la considération de ses semblables, et doit *réciproquement* leur accorder la sienne............. 156